Gerhard Uhlhorn

Das Leben Jesu in seinen neueren Darstellungen

Fünf Vorträge

Gerhard Uhlhorn

Das Leben Jesu in seinen neueren Darstellungen
Fünf Vorträge

ISBN/EAN: 9783337413446

Printed in Europe, USA, Canada, Australia, Japan

Cover: Foto ©Lupo / pixelio.de

More available books at **www.hansebooks.com**

Das

Leben Jesu

in

feinen neueren Darstellungen.

Fünf Vorträge

von

G. Uhlhorn, Dr. theol.

Abt zu Loccum.

Vierte völlig umgearbeitete Auflage

der

„Modernen Darstellungen des Lebens Jesu".

Stuttgart 1892.

Verlag von D. Gundert.

Vorrede.

Im Jahre 1865 habe ich im evangelischen Verein zu Hannover eine Reihe von Vorträgen über „die modernen Darstellungen des Lebens Jesu" gehalten, welche unter diesem Titel in drei Auflagen erschienen sind. Im Hinblick auf die seitdem verflossene lange Zeit glaubte ich den vielfach an mich gerichteten Wunsch nach einer neuen Auflage der Vorträge unberücksichtigt lassen zu sollen. Waren sie doch für die damalige Zeit und die durch das Erscheinen der Darstellungen des Lebens Jesu von Renan, Schenkel und Strauß in weiten Kreisen hervorgerufene Aufregung berechnet, und mußte ich daher befürchten, sie würden der Gegenwart, in der manche Fragen eine ganz andere Gestalt gewonnen haben, nicht mehr genügen.

Als aber die Bitten sich dringender wiederholten, mochte ich nicht länger widerstreben in der Hoffnung, doch auch jetzt noch dem einen oder andern mit der Wiederherausgabe einen Dienst zu erweisen. Freilich konnten die Vorträge dann nicht so bleiben, wie sie waren; sie bedurften einer weitgehenden Umarbeitung. Andererseits sollten es doch dieselben Vorträge sein, und so habe ich denn den Weg eingeschlagen, daß ich die beiden ersten im wesentlichen so belassen habe wie in den früheren Auflagen. Hat einzelnes darin für die Gegenwart auch seine Bedeutung verloren, so ist es doch noch immer lehrreich, einen Blick auf die Kämpfe, denen die Vorträge ihre Entstehung verdanken, zurückzuwerfen. Dagegen habe ich den dritten Vortrag ganz neu eingeschoben und die beiden letzten völlig umgearbeitet. Das gilt namentlich von den Abschnitten, welche die Johanneische Frage und die Auferstehung behandeln.

Seit dem ersten Erscheinen der Vorträge hat sich auch in der Wertschätzung apologetischer Arbeiten ein Umschwung vollzogen. Eine Zeit lang wohl überschätzt, haben sie heute in manchen Kreisen wenig auf Gunst zu rechnen. Welchen Wert ich ihnen beilege, darüber habe ich mich im ersten Vortrage auszusprechen Gelegenheit genommen. Daß ich sie nicht überschätze, wird sich daraus ergeben, aber auch, daß ich von derartigen Arbeiten immer noch einen Segen glaube hoffen zu dürfen.

Vielleicht gefällt es Gott, etwas von diesem Segen auch auf diese Ausgabe zu legen.

Hannover, Weihnachten 1891.

G. Uhlhorn, D.

I.

Renans Leben Jesu.

Seit den Anfangszeiten der Kirche, da sie ihren Glauben gegen heidnische Verleumdung und heidnische Wissenschaft zu verteidigen hatte, sind wohl zu keiner Zeit die Angriffe auf Christentum und Kirche so vielseitig und heftig gewesen wie in der Gegenwart. Es handelt sich nicht mehr um einzelne Fragen, nicht darum, ob diese oder jene Auffassung des Christentums mehr Berechtigung hat, sondern geradezu um seine Existenz. Mag das letzte Ziel, Vernichtung des Christentums und der Kirche, sich bei manchen dieser Angriffe noch verhüllen, mögen sie den Schein vor sich her tragen, als handle es sich um Zurückführung des christlichen Glaubens und Lebens auf seine ursprüngliche Reinheit und Einfachheit, es gehören doch nur wenig scharfe Augen dazu, um zu erkennen, daß das eben nur Schein ist, daß es sich vielmehr im Grunde um Beseitigung wenigstens dessen handelt, was man bis=her Christentum genannt hat. Gott zu Dank! fehlt es aber auch nicht an Verteidigern der Heiligtümer, und an Apologien des angegriffenen Christentums ist kein Mangel.

Zwar wird man sich ja hüten müssen, solche apolo=getische Bestrebungen in ihrem Werte zu überschätzen.

Die beste Apologie ist und bleibt immer die einfache, glaubenskräftige Predigt des Evangeliums und die thatsächliche Bezeugung der Macht des Christentums im Leben und Wandel. Das richtigste apologetische Verfahren finden wir schon auf der ersten Seite des Evangeliums verzeichnet, wo Philippus auf die Zweifel des Nathanael antwortet: „Komm und siehe es!" Kann man doch das Christentum niemandem andemonstrieren; wer nichts davon gesehen und erfahren, der vernimmt auch nichts davon. Machen wir uns dies ja recht klar: Man kann das Christentum niemandem andemonstrieren. Denn der Glaube ist nicht Verstandes- sondern Herzenssache. Schon das bloße Fürwahrhalten der geschichtlichen Thatsachen, die uns in den Evangelien berichtet werden, hängt nicht bloß von Verstandesoperationen, sondern von sittlichen Faktoren ab. Die Juden sahen die Wunder des Herrn mit eigenen Augen und glaubten doch nicht an ihn, weil sie nicht glauben wollten (Matth. 23, 37), und weil sie nicht glauben wollten, waren sie auch nie um Gründe verlegen, seine Wunder anzuzweifeln. So ist es auch heute noch. Ein Mensch, dessen ganze Lebensrichtung nur auf das Diesseits geht, dessen Leben unter die Sünde verkauft ist, kann durch keine geschichtliche Beweisführung genötigt werden, die im Evangelio bezeugten überweltlichen Thatsachen für wahr zu halten. Er wird immer Gründe genug finden, um sich der Beweisführung zu entziehen. Es stünde ja auch schlecht um unseren Christenglauben, wenn er von geschichtlicher Beweisführung abhinge. Wie sollten dann die einfachen Christen zum Glauben kommen, die gar nicht die Möglichkeit haben,

Wert der apologetischen Arbeiten.

sich über die geschichtliche Wahrheit eines Berichts ein Urteil zu bilden. Sie wären ja auf das Urteil Anderer angewiesen, ihr Glaube hinge von dem jeweiligen Stande der Wissenschaft ab, eine Abhängigkeit von Menschen, die noch schlimmer wäre, als die in der römischen Kirche. Nichtsdestoweniger kommt doch auch der apologetischen Thätigkeit eine große Bedeutung zu.

Der Kreis, in welchem Bücher, die sich die Bestreitung des Christentums zur Aufgabe gesetzt haben, gelesen werden, ist ein verhältnismäßig nur geringer. Hat es doch keines der deutschen Werke auch nur annähernd zu einer solchen Verbreitung gebracht, wie sie das Werk Renans in Frankreich gefunden; und wie viele haben denn Zeit und Lust, so umfangreiche Schriften wie die von Strauß und Anderen wirklich durchzulesen? Die Meisten begnügen sich mit dem Bewußtsein, es schwarz auf weiß zu haben, daß es mit dem Christentum nichts ist. Aber der Kreis, in dem jene Schriften wenigstens mittelbar wirken, ist erheblich größer. Er wird dadurch erweitert, daß die periodische Presse, Zeitungen, Wochen- und Monatsschriften sich des Stoffes als eines zeitgemäßen bemächtigen und die angeblichen Ergebnisse jener Schriften dem größern Publikum kurz und in für dasselbe faßlicher Weise mitteilen. So entsteht eine Art öffentlicher Meinung darüber, und in weiterem Kreise macht sich wenigstens eine gewisse Unsicherheit geltend, es möchte mit den Grundlagen des Christentums nicht recht bestellt sein, eine Unsicherheit, die um so gefährlicher ist, je weniger man selbst die Fragen zu durchschauen vermag, und die so für manchen zum Hindernis wird, dem Christentum näher zu kommen. Kann man nun auch, wie vorhin gesagt, das Christentum niemandem andemonstrieren, so kann man doch solche Hindernisse wegräumen und hat die Pflicht dazu.

Es ist in der neuesten Zeit[1]) viel darüber verhandelt, ob und inwieweit das Fürwahrhalten geschichtlicher Thatsachen, insonderheit der Geschichte Jesu, notwendige Voraussetzung des Glaubens ist. Um recht klar zu machen, daß der Glaube seinem innersten Wesen nach Vertrauen ist, um recht festzustellen, daß er nicht auf irgend welcher menschlichen Auktorität beruht, sondern ein Werk Gottes im Menschen ist, hat man geglaubt, das Fürwahrhalten geschichtlicher Thatsachen aus dem Begriff des Glaubens ganz ausscheiden oder doch weit mehr zurücktreten lassen zu müssen, als unsere Väter gethan haben, denen das Fürwahrhalten als die erste Stufe des Glaubens galt. Nun brauche ich Ihnen nicht erst zu sagen, daß ein bloßes Fürwahrhalten noch kein Heilsglaube ist, aber sehr bestimmt möchte ich gleich auch betonen, daß andererseits der Heilsglaube doch immer ein Fürwahrhalten geschichtlicher Thatsachen in sich schließt. Ich kann doch nicht an Jesum als meinen Herrn und Heiland glauben, d. h. mein Vertrauen auf ihn setzen, wenn mir dieser Jesus nicht eine geschichtliche Wirklichkeit ist. Das zu leugnen würde doch zum baren Illusionismus führen, ich meine dazu, es für gleichgültig zu erklären, ob die Thatsachen, die den Inhalt des Glaubens nach dem zweiten Artikel bilden, wirklich geschehen sind oder nicht, da die Illusion, so lange sie nur nicht als solche erkannt ist, eben dieselbe tröstliche Wirkung

Glaube und Fürwahrhalten der Geschichte. 9

ausübe wie die Wirklichkeit. Der christliche Glaube ist keine Illusion, sondern das Vertrauen auf die wirklich durch Christum geschehene Erlösung. Sonst wäre er nicht die gewisse bleibende Wahrheit, gerade das Streben nach Wahrheit müßte ihn zerstören; er könnte auch keine Freudigkeit geben und keinen Frieden, denn im tiefsten Grunde lauerte die Angst, die Illusion könne einmal schwinden.

Zwar das will ich nicht leugnen, es kann jemand im Glauben stehen, obwohl er einzelne Thatsachen im Leben des Herrn, etwa die Weinverwandlung oder die wunderbare Speisung oder sonst etwas, bezweifelt. Es läßt sich hier auch keine Grenze ziehen und nicht sagen, welches Quantum von der Geschichte Jesu jemand noch für wahr halten muß, um selig zu werden. Der Glaube kann bestehen auch bei einem Minimum von Erkenntnis, ja zusammen mit schweren Irrtümern. Aber normal ist das doch nicht. Ich räume auch ein, daß das Fürwahr=halten nicht in dem Sinne die Voraussetzung des Heils=glaubens ist, daß ein Mensch in jedem Falle erst dahin kommen müßte, die evangelische Überlieferung für wahr zu halten, um dann zum wahren Heilsglauben fortzuschreiten. Es ist möglich, daß selbst ein Mensch, der den geschichtlichen Berichten über das Leben und Wirken Jesu mißtrauisch oder gar zweifelnd gegenübersteht, von dem Evangelium als einer Gotteskraft innerlich erfaßt wird und auf diesem Wege auch eine andere Stellung zu den geschichtlichen Berichten gewinnt. Aber ich sage wieder, normal ist das nicht. Sondern normal ist der Weg, den die Sa=mariter gegangen sind (Joh. 4, 42), daß ein Mensch zu=

nächst die Berichte von Jesu Leben und Wirken in gutem Vertrauen als Wahrheit hinnimmt und dann zum lebendigen Heilsglauben durchdringt. Diesen normalen Weg droht aber das weit verbreitete Mißtrauen gegen die evangelischen Berichte vielen zu verlegen. Ja, es kann auch geschehen, daß solche, die schon im Glauben stehen, an der Freudigkeit des Glaubens Schaden leiden und von den mißtrauischen Gedanken angefochten werden: Ob es auch wohl alles wahr ist, was von diesem Jesus erzählt wird? oder ob nicht die doch recht haben, die da sagen, die Wissenschaft habe jetzt erwiesen, es sei nur Sage, wie andere Religionen auch ihre Sagen haben? Denen leistet man doch, denke ich, einen Dienst, wenn man ihnen darlegt, wie wir noch mit gutem Gewissen auch den neueren Forschungen gegenüber daran festhalten, daß es geschichtliche Wahrheit ist; nicht so, ich betone es nochmals, als sollte der Glaube und seine Freudigkeit nun auf diesem Nachweis ruhen, aber so, daß man Hindernisse des Glaubens aus dem Wege räumt.

Lassen Sie mich noch eins hinzusetzen. Es mag ja sein, daß der Heilsglaube des Einzelnen bestehen kann auch bei Preisgebung einzelner Thatsachen des Lebens Jesu, da das Maß der historischen Erkenntnis nicht das Maß des Heilsglaubens ist, die Kirche dagegen muß die ganze Fülle der Thatsachen der göttlichen Offenbarung festhalten, will sie anders bleiben, was sie ist und ihre Aufgabe erfüllen. Sie steht und fällt mit der Wahrheit des Christusbildes in den Evangelien. Ist das Bild, welches sie sich von Christo, ihrem Haupte, auf Grund der Evangelien gemacht hat und im ganzen in allen Konfessionen einmütig gemacht hat, ungeschichtlich, dann ist dem Christentum seine geschichtliche Grundlage entzogen, dann ist das Christentum, weil es nicht irgend ein Lehrsystem ist, sondern der Glaube an die geschichtlich gewordene Gottesthat der Erlösung, selbst vernichtet. Das ist der entscheidende Punkt. Ist diese Gottesthat nicht geschehen, ist es nicht geschichtliche Thatsache, daß Gott hereingegriffen hat in diese sündige Welt und durch Christum das Werk der Erlösung vollbracht, dann ist es mit dem Christentum aus. Auf den überweltlichen Charakter dieser Geschichte kommt alles an. Darauf konzentrieren sich deshalb auch alle Angriffe, dieses überweltliche, mit andern Worten das Wunder in der Person Jesu, wegzuschaffen. Unser Volk soll von der bisher herrschenden übernatürlichen Weltanschauung zu einer rein natürlichen gebracht werden, und der Hebel wird ganz richtig da angesetzt, wo sich das Übernatürliche gleichsam konzentriert, wo es seinen Mittelpunkt hat, bei der Person Jesu.

Indem ich mich nun anschicke, eben die modernen Darstellungen des Lebens Jesu zu besprechen, die, so sehr sie sonst von einander abweichen, doch alle dieses eine Ziel verfolgen, das Christusbild der Kirche als ein ungeschichtliches darzuthun und ein anderes angeblich echt geschichtliches an dessen Stelle zu setzen, muß ich des besseren Verständnisses wegen etwas weiter ausholen. Wer die in den vorausgehenden Jahrzehnten sehr lebhaft, aber mehr in rein wissenschaftlichen Kreisen geführten Verhandlungen über die Anfänge der christlichen Kirche nicht verfolgt hat, auf den macht das Erscheinen solcher Werke wie das Renans und ähnlicher leicht den Ein-

druck des Plötzlichen. Sie sind aber durchaus keine plötz=
liche, sondern eine seit lange vorbereitete Erscheinung, und
für ihre Beurteilung ist es von der höchsten Wichtigkeit,
sie in Zusammenhang zu setzen mit ihren Vorläufern,
sie in ihrem stufenweisen Werden zu betrachten. Schon
darin liegt eine Kritik. Alles Plötzliche hat etwas er=
schreckendes, das sich verliert, wenn man das allmähliche
Werden der Erscheinung erkennt. Es giebt schon ein ge=
wisses Vertrauen zu dem Christusbilde der Kirche, wenn
man die ganze Reihe der Versuche, es zu beseitigen, über=
blickt und sieht, wie jeder neue Versuch damit beginnt,
die voraufgehenden als ungenügend darzustellen. Es ist
einem, als hörte man vor der Thür schon das Rauschen
der Füße derer, die da kommen die auch hinaus zu tragen,
welche jetzt die Gegenwart beherrschen.

Dazu muß ich Sie zurückführen in die Zeit, wo die
Erscheinung der ersten Ausgabe des Lebens Jesu von
Strauß in unserm Vaterlande eine ähnliche Bewegung
hervorrief, wie das Leben Jesu von Renan zunächst in
Frankreich. Damals hatte der alte Rationalismus seine
Macht in der Wissenschaft schon so ziemlich verloren.
Nur seine letzten Vertreter saßen noch auf den Kathedern,
so viel Macht er auch noch auf den Kanzeln besaß.
Dieser alte, wie man ihn auch nennt, vulgäre Rationa=
lismus hielt die Echtheit der Evangelien (nur an der
des Johannes hat er vorübergehend gezweifelt) und im
ganzen auch daran fest, daß sie Geschichte enthalten.
Nur, sagte er, muß man sie vernunftgemäß auslegen.
Zu dieser vernunftgemäßen Auslegung gehörte vor allem
die Annahme vielfacher Akkomodation seitens des Herrn

und die natürliche Auslegung der Wunder. Durch diese exegetischen Künste wußte der Rationalismus alles Übernatürliche zu beseitigen und aus den Evangelien ein ganz natürliches Bild Jesu zu gewinnen, wie es seinen vernunftgemäßen Begriffen entsprach. Fand sich in den Reden des Herrn etwas, was über das Maß des gesunden Menschenverstandes hinausgeht, so wurde das für Akkommodation erklärt. Jesus habe sich, hieß es, hier nur den Vorstellungen seiner Zeitgenossen anbequemt. So z. B. wenn er sich für den Messias erklärt, nicht minder die Engel- und Teufellehre. Ja selbst alles, was von dem Versöhnopfer vorkommt, ist nur Anbequemung an die Opferideen der Juden. Die Wunder sind sämtlich ganz natürliche Vorgänge, nur im Gewande orientalischer Phantasie erzählt. Streift man dieses Gewand ab, versteht man diese orientalischen Erzählungen nur recht zu lesen, so bleibt ein ganz einfacher, durchaus nicht übernatürlicher, freilich oft sehr nüchterner Kern übrig. So z. B. kommt die Geschichte der Verklärung darauf hinaus, daß Jesus einst eine Rücksprache mit zwei geheimen Vertrauten (die überhaupt bei der rationalistischen Exegese eine große Rolle spielen) hielt, während eben die aufgehende Sonne ihn mit ihrem ersten Glanze überstrahlte. Daraus machte dann die Phantasie der Jünger die Verklärung und aus den beiden Vertrauten Moses und Elias. Die Verwandlung des Wassers in Wein war ein Hochzeitsscherz Jesu, der zu rechter Zeit den bereit gehaltenen Wein herbeibringen ließ. Der Glanz der himmlischen Heerscharen auf den Feldern bei Bethlehem war ein phosphorisches Phänomen, wenn nicht gar bloß das Licht einer großen Stalllaterne, wie einer der Ausleger vermutet. So ist denn die ganze Erscheinung Jesu eine durchaus natürliche. Er wird zu einem jüdischen Rabbi, dem weisen Lehrer von Nazareth, dessen Lehre, wenn man sie vernunftgemäß auffaßt, zwar immer noch eine große Bedeutung hat, aber im Grunde doch nur die, daß er die Wahrheiten, die jeder aus seiner Vernunft schöpfen kann, zuerst ausgesprochen hat. Das alles mußte sich aber doch allmählich als ganz unhaltbar und ungenügend erweisen. Man mußte einsehen, daß man die Evangelisten ganz andere Dinge sagen ließ, als sie wirklich sagten, und wenn der Rationalismus immer bestrebt gewesen ist, die Sündlosigkeit Jesu festzuhalten, so drängte sich unabweisbar die Erkenntnis auf, daß die Anbequemung, die man Jesu zumutete, doch sittlich zweideutig und mindestens eine Selbsttäuschung sei. Die Zeit des vulgären Rationalismus ging vorüber, seine Alleinherrschaft war seit dem dritten Jahrzehnt dieses Jahrhunderts völlig gebrochen. Auf der einen Seite trat ihm, angeregt durch die großen Erfahrungen des Freiheitskampfes, durch Schleiermachers Thätigkeit gefördert, eine gläubige Theologie gegenüber, auf der anderen Seite schlug der Unglaube ganz neue Bahnen ein.

Nachdem diese neuen Bahnen schon früher hie und da angedeutet waren, ist es Strauß, der in seinem Leben Jesu sie zuerst konsequent verfolgt. Strauß wendet sich nach beiden Seiten, gegen die Kirchenlehre wie gegen den Rationalismus. Nach seiner Ansicht enthalten die Evangelien überhaupt keine Geschichte, weder übernatürliche wie die Kirchenlehre, noch natürliche wie der Rationalismus will, sondern Mythus, einen Kranz von Sagen, den die Verehrung seiner Anhänger um das Haupt des Meisters geschlungen. Veranlassung gaben dazu namentlich die Weissagungen des Alten Testaments. Man glaubte diese in Jesu von Nazareth erfüllt, und so schuf die absichtslos dichtende Sage eine ganze Reihe von Erzählungen nach alttestamentlichen Weissagungen und Vorbildern, die zwar ganz historisch aussehen, aber nichts weniger als Geschichte enthalten. Wenn z. B. die Sage Mose dem Volke Wasser spenden läßt, so muß der Messias mehr thun, er spendet Wein. Daher die Sage von der Weinverwandlung. Wenn Moses vom Berge mit glänzendem Angesicht zurückkehrt, so steigert das die Sage bei Jesu zu der Geschichte der Verklärung. Auf dieselbe Weise sind auch die Erzählungen von Krankenheilungen entstanden. Man erwartete sie von dem Messias, deshalb dichtet sie die Sage Jesu an, und hat schon Elisa einen Toten erweckt, so kann der Messias nicht weniger gethan haben. Streift man nun alles Sagenhafte ab, so bleibt kaum ein historischer Kern übrig. Der ursprüngliche Stamm, sagt Strauß, ist von den Schlingpflanzen der Sage so umgeben, daß er kaum noch zu erkennen ist, und wir wissen von Jesu eigentlich kaum mehr, als daß er gelebt hat, gelehrt hat und zuletzt am Kreuz gestorben ist.

So war denn die ganze Gestalt des Herrn in mythischen Nebel gehüllt. Man weiß nicht mehr, wer er gewesen ist, nur das läßt sich mit Bestimmtheit sagen, daß er nicht der gewesen ist, als den ihn die Kirche ansieht, nicht der Mensch gewordene Gott. Aber das

Christentum, die Kirche ist doch da, die kann uns Strauß doch nicht wegleugnen. Woher ist denn das entstanden? Darauf hat Strauß immer nur wieder die rein negative Antwort: Nicht durch übernatürliche Ursachen. Aber durch welche natürliche Ursachen denn? Das weiß er nicht zu sagen, denn die immer wiederkehrende eintönige Herleitung der neutestamentlichen Erzählungen aus alttestamentlichen Vorbildern und Weissagungen ist doch viel zu dürftig, um die thatsächlich vorhandene konkrete Lebensfülle auch nur im entferntesten zu erklären. Mit der vermeintlichen Widerlegung des übernatürlichen Ursprungs des Christentums ist dieses überhaupt unbegreiflich geworden. Wir stehen ganz im Dunkel und, statt uns ein Rätsel zu lösen, hat uns Strauß ein viel größeres aufgegeben.

Jede geschichtliche Erscheinung muß doch eine zureichende Ursache haben, das Christentum auch. Behauptet man nun, die Kirche sei im Irrtum, wenn sie eine übernatürliche Ursache annehme, die Erscheinung des Gottmenschen, so wird man sich der Aufgabe nicht entziehen können, darzuthun, wie das Christentum aus lauter natürlichen Ursachen entstanden ist. So lange man das nicht dargethan hat, hat man überhaupt nichts gethan und wird sich niemals der Notwendigkeit entziehen können, übernatürliche Ursachen da anzunehmen, wo natürliche nicht ausreichen. Wir stehen vor der Aufgabe, an deren Lösung die sogen. Tübinger Schule Jahrzehnte gearbeitet hat. Wir wollen sehen, mit welchem Erfolg.

Der Professor Baur in Tübingen, das Haupt der Tübinger Schule, von dem sie den Namen hat, sagt einmal, Strauß habe die Festung überrumpeln und im Sturm nehmen wollen, es habe sich aber gezeigt, daß es einer regelrechten Belagerung bedürfe. Diese Belagerung unternimmt Baur mit rastloser Arbeit, mit dem größten Scharfsinn und unermüdlicher Ausdauer. Die Laufgräben werden von weither angelegt, um dem Kern der Festung näher zu kommen. Nicht mit dem Leben und der Person des Herrn beginnt die Tübinger Schule, sondern mit der apostolischen und nachapostolischen Zeit. Sie geht davon aus, daß sich in der apostolischen Zeit die Spuren einer doppelten Richtung bei den Aposteln wie bei den Gemeinden finden, einer judenchristlichen und einer freieren heidenchristlichen. Während man aber sonst annahm, daß dieser Gegensatz, so weit er sich auch in den Kreisen der Apostel findet, kein tiefergehender gewesen sei, die Einheit nicht gestört habe, daß dagegen die extreme judenchristliche Partei bald aus der Kirche ganz ausgeschieden sei und als Ebjonitismus häretisch geworden, behauptet die Tübinger Schule, dieser Gegensatz sei die bewegende Kraft der ganzen ersten Zeit bis tief ins zweite Jahrhundert gewesen, und gerade in diesem Kampfe habe das Christentum sich von dem Judentum allmählich losgerungen. Darnach gewinnt die älteste Geschichte der Kirche etwa folgende Gestalt: die erste Gemeinde, die Urapostel namentlich Petrus und Johannes nicht ausgeschlossen, war durchaus judenchristlich, d. h. die Christen waren eigentlich noch Juden nach ihrer ganzen Anschauung und Sitte, nur in dem einen Punkte von den übrigen Juden unterschieden, daß sie, während diese den Messias noch erwarteten, behaupteten, er sei in

Jesu von Nazareth schon erschienen. Sonst war dieses
Judenchristentum noch ganz gesetzlich und partikularistisch;
von einer Rechtfertigung durch den Glauben wußte es
so wenig etwas wie von der Ausbreitung des Reiches
Gottes auch unter den Heiden, so daß, wenn nicht eine
andere Richtung aufgetreten wäre, dieses Judenchristentum eine ganz innerjüdische Erscheinung geblieben wäre.
Diese andere Richtung tritt in Paulus auf, erst bei ihm
vollzieht sich der Umschwung der Gesetzesreligion zur
Freiheitsreligion, des Partikularismus zum Universalis-
mus. Beide Richtungen stehen einander schroff gegenüber und zu einer Aussöhnung kommt es während der
apostolischen Zeit nicht. Paulus ganzes Leben ist ein
Kampf gegen den Judaismus und, muß man hinzusetzen,
ein vergeblicher Kampf, er unterliegt dem Judaismus.
Erst in der nachapostolischen Zeit verliert der Gegensatz
an Spannung, jede Richtung giebt ihre Extreme auf,
modifiziert sich, und durch eine Reihe von Transaktionen
vollzieht sich die Versöhnung bis zur vollen Neutralität,
bis zum Friedensschluß in der altkatholischen Kirche mit
der Formel: Glaube und Werke, Petrus und Paulus.
Die meisten Schriften nun, welche die Kirche nachher
vom Standpunkte dieses Friedensschlusses aus in die
apostolische Zeit zurückverlegt und in den Kanon aufgenommen hat, sind nur Dokumente dieser Transaktionen.
Echt apostolischen Ursprungs sind nur die ganz judenchristliche Offenbarung Johannis und 4 Briefe Pauli
(Römer, 2 Korinther, Galater), alle übrigen sind Tendenzschriften, Zeugnisse jenes Kampfes. Tendenz, das ist jetzt
das Zauberwort, mit dem alle diese Schriften erklärt

werden. Man sucht ihre Tendenz auf, ob judenchristlich oder paulinisch, schroff oder schon vermittelnd oder ganz neutral, und danach werden sie eingereiht. Auch die Evangelien sind jetzt nicht mehr wie bei Strauß Produkte der absichtslos dichtenden Sage, sondern lauter Absicht voll, Tendenzschriften der verschiedenen Parteien, die darin ihre Richtung verteidigen und je nach derselben das Bild des Herrn zeichnen. So ist Matthäus eine judenchristliche, Lukas eine paulinische Tendenzschrift, beide jedoch schon der Stufe einer sich anbahnenden Versöhnung angehörend, Markus dagegen, das jüngste der synoptischen Evangelien, repräsentiert die volle Neutralität.

Aber, höre ich Sie fragen, was hat denn die Person Christi mit dem Allen zu thun? Wenig oder nichts! Schwegler, der zuerst die Ansichten der Tübinger Schule zusammenhängend dargelegt hat, handelt in einer Schrift, in der er den Ursprung des Christentums erörtern will, von Christo selbst nur gelegentlich in einer Anmerkung, in der er sagt, daß man eigentlich nicht wisse, wer er gewesen, und nur so viel sagen könne, er habe auf die Jünger einen tiefer gehenden Einfluß nicht gehabt. Das hat Baur zwar später modifiziert. Nach seiner Darstellung ist das Christentum schon in Christo selbst da, aber freilich trägt das auch nichts aus, denn nun redet Baur wieder von einer tiefen Kluft, welche zwischen dem Leben des Herrn und der apostolischen Zeit liege. Mag das Christentum also in Christo schon dagewesen sein, seine Jünger sind doch wieder extreme Judaisten, eigentlich noch Juden und keine Christen. In Wirklichkeit ist Christus also nicht der Stifter des Christen=

tums. Aber wer denn? Man denkt an Paulus, doch
auch das ist nichts, denn Paulus ist ja wieder unterge=
gangen. Eigentlich hat das Christentum gar keinen Stifter,
wie überhaupt keinen bestimmten Anfang. Es wird so
allmählich, ringt sich durch eine Reihe von Transaktionen
vom Judentum los, und eben in diesem Prozesse haben
wir den wahren Ursprung des Christentums zu suchen,
wir wissen selbst nicht wo? und wie? Auf Personen und
persönliche Einwirkung giebt diese Schule überhaupt nicht
viel. Personen sind bloße Namen, sagt Baur gelegent=
lich einmal, sie sind nur die Träger der Ideen und
haben nur so Bedeutung. Die Personen sind nichts, die
Idee ist alles.

Gegenwärtig ist die Tübinger Schule bereits der
Geschichte verfallen.[2]) Die ganze Tendenzhypothese, die
bei den einfachen und schlichten Evangelisten überall die
feinste Absichtlichkeit in jedem Zuge, bei jeder Auslassung
und Wendung witterte, hat sich als Phantasie erwiesen,
und die Evangelisten gelten jetzt wieder, mag man nun
den Inhalt ihrer Erzählungen für geschichtlich oder un=
geschichtlich halten, für einfache schlichte Leute, die nur
wiedergaben, was sie vorfanden. Ferner ist es nach dem
heutigen Stande der Wissenschaft nicht mehr möglich, die
meisten Schriften des Kanon so weit bis ins zweite Jahr=
hundert hinaus zu rücken. Um für ihre Transaktionen,
für den ganzen Ausgleichungsprozeß der judaistischen
und paulinischen Richtung, der eigentlich der Entstehungs=
prozeß des Christentums ist, Raum und Zeit zu gewinnen,
mußte die Tübinger Schule die Dokumente dieses Pro=
zesses, die neutestamentlichen Schriften möglichst der Zeit

Die Ausgänge der Tübinger Schule. 21

nach auseinanderlegen und bis ins zweite Jahrhundert
herabrücken. Das hat sich aber als unmöglich erwiesen.
So wurde die Tübinger Schule immer mehr eingeengt
und, möchte man sagen, auf die Person Christi zurück=
gedrängt. Es zeigte sich als schlechthin unmöglich, die
Entstehung des Christentums zu erklären, ohne zu sagen,
wer Christus gewesen ist, ohne von dem Satze auszu=
gehen, daß die ganze Bewegung in ihm ihren Anfänger
hat, also auch nur aus seiner persönlichen Erscheinung
zu erklären ist.

Überblickt man so die Arbeiten und die Entwickelung
dieser Zeit, dann versteht man, weshalb jetzt auf einmal
wieder die Person Jesu in den Vordergrund tritt, wes=
halb jetzt nicht mehr die apostolische und nachapostolische
Zeit den Gegenstand der Verhandlungen bildet, sondern
das Leben Jesu. Der mit allen Mitteln der Wissen=
schaft unternommene Versuch, das Christentum in gewissem
Sinne ohne die Person Jesu zu erklären aus einer bloßen
Entwickelung der Ideen, für welche die Persönlichkeit
nur geringe Bedeutung hat, ist als gescheitert anzusehen.
Will man also nicht auf jede Erklärung verzichten, so
muß man an die Person Jesu heran, man muß die Frage
beantworten: „Was dünket euch von Christo? wes
Sohn ist er?" Man kann sich mit ihm nicht mehr in
einer Anmerkung abfinden wie Schwegler, und die
Kluft, welche Baur zwischen ihn und seine Apostel be=
festigt, muß überbrückt werden. Damit ist der Angriff
insofern gefährlicher geworden, als er jetzt auf das eigent=
liche Herz des christlichen Glaubens sich richtet, aber doch
ist in der veränderten Sachlage ein Fortschritt unver=

kennbar. Das Christentum ohne Christus sind wir wenigstens los, die Situation hat sich geklärt und, wenn der Kampf noch ernster geworden ist, so ist auch die Entscheidung näher gekommen.

Dieses Fortschritts wird man sich recht bewußt, wenn man von Strauß älterem Werke und von der Tübinger Schule zu Renan fortschreitet, zu dem vielbesprochenen Werke „Vie de Jésus". Weiß man bei den Tübingern eigentlich nicht, wer der Stifter des Christentums ist, hat es da eigentlich gar keinen Stifter, weil die Person ganz hinter die Idee zurücktritt, so haben wir es bei Renan wieder bestimmt mit der Person Jesu zu thun, und nichts ist Renan gewisser, als daß er der Stifter der neuen Religion ist, daß sie alles von ihm hat, Gutes und Böses. Ließ uns Strauß im Dunkeln darüber, wer Jesus eigentlich gewesen, weil nach seiner Ansicht die Quellen nicht ausreichen, das zu wissen, so erkennt Renan in den Evangelien viel mehr historischen Gehalt an, genug, um die Person Jesu so genau zu zeichnen, wie nur die Person eines Cäsar oder Augustus oder irgend eine andere Person des Altertums. Sein Bild schwebt nicht mehr in mythischen Nebeln, sondern Renan zeichnet es uns auf dem mit meisterhafter Hand hingeworfenen landschaftlichen und historischen Hintergrunde in scharf umrissenen Zügen, die wenigstens, was Klarheit und Bestimmtheit anlangt, nichts zu wünschen übrig lassen.

Versuche ich's denn zuerst, dieses Bild in seinen Hauptzügen wenigstens Ihnen vorzuführen.

Jesus war in Nazareth von geringen Eltern geboren (die Geschichte seiner Geburt in Bethlehem und

Die Hauptzüge des Bildes Jesu bei Renan. 23

was damit zusammenhängt ist natürlich bloß Legende), so wuchs er auch auf ohne weitere Bildung, als die ein Kind des Volks damals hatte. Aber aus der schönen Natur von Galiläa, die uns Renan so reizend zu schildern weiß, und aus seinem eigenen Herzen schöpft er ein Gottesbewußtsein, wie es keiner vor ihm und nach ihm gehabt hat. So fängt er an in Galiläa zu predigen. „Gott ist unser Vater und alle Menschen sind Brüder", das ist der Inhalt seiner Predigt. Er verkündigt ein Gottesreich, aber ein Gottesreich, das inwendig in uns ist, „das wir durch Geradheit des Willens und Poesie des Herzens in uns erschaffen müssen." Ein reiner Gottesdienst, eine Religion ohne Priester und ohne äußere Gebräuche, ganz ruhend auf den Gefühlen des Herzens, auf Nachahmung Gottes, auf dem unmittelbaren Verkehr des Gewissens mit dem himmlischen Vater, das sind die Grundzüge dieses Gottesreiches. Es ist eine durchaus neue Idee, die Idee eines Gottesdienstes, der auf Reinheit des Herzens und Brüderlichkeit der Menschen gegründet ist, die damit in die Welt tritt, eine Idee, so erhaben, daß auch jetzt noch nur wenige Seelen fähig sind, sich ihr hinzugeben. In der Bergpredigt sind noch die Grundzüge derselben zu erkennen, „dem schönsten Gesetzbuche eines vollkommenen Lebens, das je ein Moralist entworfen hat". Die spätere realistische Auffassung des Gottesreiches fehlt noch ganz. Sie ist überhaupt eine nachträgliche Verdunkelung der Idee, ein Irrtum, den uns der Tod Jesu vergessen läßt. Ebensowenig that er jetzt schon Wunder. Es war die Zeit, da die erhabene Idee noch ganz rein auftrat, einige Monate, ein Jahr vielleicht, „wo Gott auf Erden wohnte". Christen gab es noch nicht, aber das Christentum war schon da, war niemals vollkommener da als in diesem Augenblicke. Jesus hat auch nichts mehr hinzugethan, im Gegenteil, er hat die Idee nur kompromittiert; denn „jede Idee muß, um Erfolg zu haben, etwas opfern und man geht nie unbefleckt aus dem Kampfe dieses Lebens hervor". Wäre Jesus damals gestorben, so wäre seine Idee reiner geblieben, er wäre in Gottes Augen größer gewesen, aber unter den Menschen unbekannt, er hätte sich verloren unter der Menge unbekannter großer Seelen. Es genügt nicht eine große Idee zu fassen, man muß ihr auch Erfolg verschaffen. Das ist nur möglich auf weniger reinen Wegen. Gewiß, wenn das Evangelium nichts enthielte als einige Kapitel des Matthäus und Lukas, so wäre es vollkommener, aber ohne Wunder hätte es nicht die Welt erobert.

Bemerken wir diese Sätze wohl. Sie sind der Schlüssel zu der ganzen Darstellung Renans. Die ursprünglich in voller Reinheit aufgetretene Idee kompromittiert sich mehr und mehr — darin ist im Grunde das ganze Leben Jesu beschlossen. Um seine Idee zu realisieren, steigt Jesus immer mehr von der idealen Höhe herab, geht in das reale Leben ein und zuletzt darin unter.

Den ersten Anstoß dazu giebt schon das Zusammentreffen mit Johannes dem Täufer. Es scheint, als ob Johannes keinen günstigen Einfluß auf Jesum geübt hat; dieser läßt sich aus seiner Bahn drängen und geht eine Zeit lang die Wege Johannes, indem er auch tauft wie dieser, eine äußere Zeremonie, die freilich zu Renans reinem Christentum wenig stimmt. Doch die Umwandlung ist eine tiefere. Von jetzt an geht das Streben Jesu dahin, sein Ideal in der Welt zu realisieren. Er wird ein Revolutionär, freilich nur ein transzendenter, geistiger, der die Welt im innersten erneuern will.

Damit treten wir in die zweite Periode seines Wirkens. Inhalt der Predigt ist jetzt das Himmelreich, das er selbst bringe, eine radikale Umwälzung des Bestehenden der Grundgedanke, eine Revolution, die selbst die Natur umfassen wird, die auch Krankheit und Tod verbannt. Im Aufschwung seines heroischen Willens glaubt er sich allmächtig, ein Reformator des Universums. Aber nicht auf dem blutigen Wege politischer Revolution soll das Ideal zur Wirklichkeit werden, seine Revolution ist eine moralische. Auch von den Engeln und der Posaune des letzten Tags ist noch nicht die Rede. Das Reich Gottes von den Menschen unter den Menschen verwirklicht, das ist der Gedanke jener lieblichen galiläischen Idylle, die in diesem Abschnitt seines Lebens spielt. Auf sanftem Maultier reitend, an den Ufern des Sees Genezareth, in der herrlichen Natur, umgeben von einer Menge, die ihm zujauchzt, junge Fischer seine begeisterten Freunde, Frauen und Kinder sein Gefolge, Zöllner und Magdalenen, „die in seinem Umgang ein leichtes Mittel fanden, wieder ehrlich zu werden" — so zieht er durchs Land. Es ist ein steter Festzug, ein ununterbrochener Rausch, eine ländlich himmlische Hochzeitsfeier.

Aber auch dieser schöne Traum verfliegt. Ihn ergreift der Wunsch aus Galiläa nach Judäa, nach Jerusalem zu gehen, dort das Judentum in seiner festen Burg anzugreifen. Dort aber fand er einen ganz anderen Boden als in dem ländlichen Galiläa; dort hatte er es nicht mit Fischern und Landmädchen zu thun. Der Tempel mit seinen Pfaffen und Schlächtereien gefiel ihm nicht, er griff zur Geißel, ihn zu reinigen, aber trotzdem machte er mit seinen Provinzialen in der Hauptstadt keinen Eindruck. Verstimmt verließ er Jerusalem. Den jüdischen Glauben hat er nun völlig verloren, seine revolutionäre Glut flammt mehr und mehr auf. Die unschuldigen Aphorismen der ersten Periode, die schönen Moralpredigten der zweiten sind vorüber. Das Gesetz wird abgethan werden, er wird es abthun; der Messias ist gekommen, er ist es; das Reich Gottes wird offenbar werden, er ist es, durch den es offenbar werden wird — das ist jetzt der Inhalt seiner Predigt. Zwar er weiß, daß er als Opfer fallen wird, aber das Reich Gottes ist nur mit Gewalt zu erobern. Das sind ganz andere Gedanken als zu den Zeiten der galiläischen Idylle. Der Messias galt als Davids Sohn; Jesus weiß recht gut, daß er nicht von David abstammt, aber er weiß auch, daß er ohne diesen Namen nichts ausrichten kann. Deshalb läßt er ihn sich beilegen, anfangs ungern, dann findet er Gefallen daran. Hier liegen die ersten Keime der Legende, die sich schon um den Lebenden zu bilden beginnt. Wunder galten in jener Zeit als unerläßliche Zeichen des Göttlichen, als notwendige Beweise prophetischer Berufung. Jesus hatte nur die Wahl, auf seine Mission zu verzichten oder Wunderthäter zu werden. Er wurde es spät, wider seinen Willen. Die Wunder waren eine Gewalt, die ihm seine Zeit anthat, eine Konzession, die ihm abgenötigt wurde. Die Wunder wurden ihm eigentlich entgegengetragen. Man glaubte, er müsse Wunder thun, und die Wunder zeigten sich, Kranke glaubten durch seine Handauflegung gesund geworden zu sein, und er ließ es sich nicht bloß gefallen, er ging darauf ein. Ganz anders lautet jetzt auch die Predigt vom Reiche Gottes. Jetzt redet er davon, daß er wiederkommkommen werde auf den Wolken des Himmels, redet vom Gericht und von der Erneuerung aller Dinge. Aus dem Moralprediger ist ein apokalyptischer Schwärmer geworden. Immer schärfer tritt seine Opposition gegen die herrschenden Gewalten hervor, eine bisher fremde Glut geht durch seine Reden. Seine natürliche Sanftmut tritt zurück, er wird scharf, befehlerisch, duldet keinen Gegensatz mehr, seine Worte klingen bisweilen hart, selbst bizarr. Die Situation wird eine bis zum Äußersten gespannte; es war Zeit, daß der Tod den Knoten löste.

Achtzehn Monate etwa dauerte diese Wirksamkeit in Galiläa, dann kam mit der Reise nach Jerusalem die letzte Entscheidung. Es war ein unerquicklicher Aufenthalt. In den Verhandlungen mit den Pharisäern über Streitfragen des Gesetzes hatte Jesus nicht das Übergewicht, das ihm sonst seine reine Moralität gab, die ihn hier vielmehr in Nachteil brachte. Jesus war nicht mehr er selbst. Seine Freunde fühlten das; sie fühlten, es müsse etwas Außerordentliches geschehen, ein großes Wunder. So wird denn die Auferweckung des Lazarus veranstaltet. Noch blaß von überstandener Krankheit wird Lazarus ins Grab gelegt, und auf diese Weise die

Komödie einer Totenerweckung gespielt. Jesus hat wenigstens darum gewußt und es sich gefallen lassen. Er konnte die Begierde der Seinigen nach Wundern nicht zügeln. Gut, daß ihm der Tod bald die göttliche Freiheit wiedergab und ihn den fatalen Notwendigkeiten einer Rolle entriß, die nicht mehr durchzuführen war.

Die Geschichte seines Todes, wie sie Renan erzählt, ausführlich wiederzugeben, ist nicht nötig. Genug, daß die Auferstehung nicht geschichtlich ist. Die exaltierte Maria Magdalena glaubte, er sei auferstanden, und die Jünger glaubten es mit. „Göttliche Macht der Liebe! heilige Augenblicke, wo die Leidenschaft einer Verrückten (d'une hallucinée) der Welt einen auferstandenen Gott giebt!" so schließt Renan, allerdings ein Schluß einer solchen Biographie würdig.

Das ist das Leben Jesu nach Renan. Ein seltsames Bild, so fremd, so abweichend von allen bisher von dem Herrn entworfenen Bildern, daß man zuerst ganz erstaunt davor steht und sich besinnen muß, es soll wirklich nach der Absicht des Malers das Bild Jesu von Nazareth sein. Woher hat denn Renan den Stoff zu diesem seltsamen, ganz neuen Bilde genommen? Hat er etwa neue Quellen entdeckt? Nein! durchaus nicht. Seine Quellen sind unsere allbekannten vier Evangelien, zu denen nur als fünftes Evangelium, wie Renan sich ausdrückt, zerrissen aber noch lesbar, die Anschauung der Örtlichkeit hinzukommt, die Anschauung des Orients, des heiligen Landes, seiner Landschaften, seiner Sitten und Bräuche. Neue Quellen hat er nicht, aber er weiß die alten zu behandeln und ihnen Dinge zu entlocken, an die bisher niemand gedacht hat. In der That werden die Evangelien von Renan mit einer Willkür behandelt, wie wohl nie ein Biograph seine Quellen behandelt hat. Zuerst werden sie im allgemeinen unsicher gemacht. Ohne gründliche Untersuchung ihrer Glaubwürdigkeit kommt Renan zu dem Ergebnis, daß sie zwar viel Geschichtliches enthalten, aber auch viel Legendenartiges. Nun hat er volle Freiheit bei ihrer Benutzung; er nimmt heraus, was ihm zusagt, und läßt beiseite, was in seine Geschichte nicht paßt. Im ganzen erkennt er viel mehr Geschichtliches in den Evangelien an als Strauß und Baur. Aber während er die eine Erzählung bis ins kleinste Detail als geschichtlich gelten läßt, wird eine andere, die hart daneben steht, von demselben Erzähler verbürgt, völlig als Legende beseitigt. Weshalb soll denn diese nicht wahr sein, wenn jene wahr ist? Darauf sucht man vergeblich nach einer Antwort. Wenn so viel echt ist, wie Renan annimmt, der augenscheinlich von der Leibhaftigkeit und Anschaulichkeit der evangelischen Erzählungen frappiert ist, weshalb soll denn nicht mehr wahr sein? Darauf ist die nicht immer klar ausgesprochene, aber überall zu Grunde liegende Antwort: Weil nichts Übernatürliches wahr sein kann. Dabei werden die Evangelien durcheinandergemengt wie ein Kartenspiel, in lauter einzelne Stücke und Stückchen aufgelöst und diese dann zu einem Mosaik zusammengesetzt ohne jede Beachtung der Chronologie und des Plans der Evangelien nach einer selbsterfundenen Chronologie, für welche die Quellen nicht den geringsten Anhalt bieten. Wo das alles aber noch nicht hinreicht, hilft die Phantasie nach, die bei Renan sehr stark ist und ihm Züge liefert, von denen keine Quelle etwas weiß.

Wollen Sie einige Beispiele zu dem Gesagten? Nach allen Evangelien trifft Jesus mit Johannes dem Täufer zusammen, ehe er seine öffentliche Wirksamkeit beginnt. Renan dagegen kennt eine ganze Periode seiner Wirksamkeit, die damals schon hinter ihm lag. Er weiß auch, was der Herr in dieser Zeit gelehrt und gethan hat. Ganz willkürlich wird diese erdichtete Periode mit Reden und Handlungen Jesu ausgestattet, welche die Evangelisten erst nach seinem Zusammentreffen mit Johannes dem Täufer erzählen. Wenn irgend etwas aus dem Leben Jesu feststeht, so ist es dieses, daß Jesus selbst das Abendmahl eingesetzt hat. Sollte das Zeugnis der drei ersten Evangelien dafür nicht ausreichen, so haben wir das unverdächtige Zeugnis des Paulus, und die ganze unbestrittene Praxis der ältesten Kirche bürgt dafür. Renan weiß das trotzdem besser. Jesus hat das Abendmahl nicht eingesetzt. Woher weiß das Renan? erzählen es doch die drei ersten Evangelisten, denen er sonst so viel glaubt? Johannes erzählt es nicht, sagt Renan. Aber dem Johannes glaubt ja Renan sonst am wenigsten, der ist ja in seinen Augen der allerunglaubwürdigste Zeuge; sein Evangelium soll um 150 noch nicht vorhanden gewesen und die darin enthaltenen Reden nur platonische Dialoge sein in ganz fremdem mystischem Stil!? Thut alles nichts, doch beweist Johannes Schweigen hier mehr als das Reden der anderen. Die Behandlung des vierten Evangeliums ist überhaupt das Bodenloseste an Willkür, was man denken kann. Das Buch ist unecht und doch

behandelt es Renan wieder als gute Quelle, je nach=
dem es ihm paßt. Zu dem allen kommt dann die frei=
waltende, Neues schaffende Phantasie. Da wird nicht
bloß zugedichtet, Jesus sei auf einem Maultiere reitend
durch Galiläa gezogen, was Renan wohl aus irgend
einem sechsten Evangelium hat, da schafft Renan die
ganze galiläische Idylle, da wird uns die Frau des Pi=
latus ganz genau geschildert, wie sie aus dem Fenster
die reizende Gestalt Jesu sieht, da werden dem Herrn
auch ganz neue Reden in den Mund gelegt, z. B. daß
das Gesetz abgeschafft sei, während ihn die Evangelisten
sagen lassen, er sei gekommen nicht aufzulösen, sondern
zu erfüllen. So entsteht dieses Gemisch von Wahrheit und
Dichtung, ein historischer Roman, wie sie ja heute auch
sonst beliebt sind.

Und nun das Ergebnis? Wer ist denn Jesus nach
dieser Schilderung? Soll ichs mit dürren Worten sagen:
Ein Schwärmer, der mehr und mehr zum Betrüger wird,
und den dann der Tod noch gerade zur rechten Zeit den
Verwickelungen entnimmt, die er sich selbst bereitet. Oder
soll ich den Gang noch etwas genauer zeichnen, erst ein
frommer liebenswürdiger Schwärmer, der ein köstliches,
aber leider nicht zu verwirklichendes Ideal aufstellt, dann
ein düsterer Schwärmer, der von der Posaune des Ge=
richts, von seiner Wiederkunft, von einer großen Kata=
strophe und Weltumwälzung träumt, dann ein Betrüger
wider Willen, der sich eine Konzession nach der andern
abnötigen läßt, und zuletzt ein bewußter Betrüger. Schöne
Worte, die Renan zu Gebote stehen wie wenigen, helfen
da nichts, es reden die Sachen. Sagen Sie selbst:

Wenn Jesus sich den Namen Sohn Davids beilegen läßt, ohne zu widersprechen, sogar Gefallen daran findet, obwohl er recht gut weiß, daß er nicht von David abstammt, stehen wir da nicht schon an der Grenze des Betrugs? Wenn er, wie Renan ausführt, bisweilen den unschuldigen Kunstgriff gebraucht, seinen Jüngern Dinge, die er auf ganz natürlichem Wege erfahren, Ereignisse aus ihrem Leben, von denen er Kunde hatte, erzählt, als ob er sie auf übernatürlichem Wege erfahren, wie nennt man diesen Kunstgriff unter ehrlichen Menschen? Er nimmt den Schein an, als ob er Wunder thue und thut doch keine, wie er recht gut weiß; was ist das anders als Betrug? Und nun gar jene Komödie in Bethanien, in die er, wenn er auch nicht den Plan dazu machte, wenigstens eingeht! Dies Stück ist doch so stark, daß man Anstand genommen hat, es uns Deutschen aufzutischen. Wenigstens fehlte es in einer deutschen Volksausgabe, die ich verglichen habe.

Wie kommt denn Renan dazu? Habe ich einen richtigen Eindruck von seiner Schilderung, so glaube ich, es ist ihm nicht angenehm, dahin zu kommen, er umginge es gern, stellte den Herrn gern sittlich reiner dar, wenn er das nur könnte. Aber nach seinen Voraussetzungen kann er das nicht. Andere haben den Weg eingeschlagen, alles ihnen Anstößige für unhistorisch zu erklären, sie behaupten, Jesus habe nie gesagt, er werde wieder kommen auf den Wolken, das sei bloß Mißverständnis der Jünger; sie haben solche Wunder wie die Auferweckung des Lazarus für bloße Dichtung erklärt ohne jeden historischen Kern. Das kann Renan nicht, dazu hat er zu viel historischen Sinn, dazu nimmt er zu viel echte geschichtliche Überlieferung in den Quellen an. Wenn er nun aber doch auch andererseits nichts Übernatürliches in der Person und den Werken des Herrn anerkennen kann, so bleibt ihm in der That kein anderer Weg als den, den er geht. Hat Jesus wirklich gesagt, er werde kommen auf den Wolken des Himmels, und das wagt Renan nicht zu leugnen, was soll man denn darin anders sehen als Schwärmerei, wenn er nicht der Sohn Gottes vom Himmel ist? Hat der Herr wirklich den Jüngern unbekannte Dinge aus ihrem Leben erzählt, und Renan muß das auf Grund der Quellen anerkennen, wofür soll er das erklären, wenn er sich nun einmal weigert, ein höheres Wissen in Jesu anzuerkennen, als für einen kleinen Kunstgriff, einen unschuldigen Betrug, mit dem er sie zu gewinnen suchte? Ebenso die Wunder. Renan hat zu viel historischen Sinn, um nicht zuzugestehen, daß doch im Leben des Herrn vieles vorgekommen sein muß, was wenigstens die Zeitgenossen für ein Wunder hielten. Mag noch so viel davon auf Rechnung der Legende und Sage kommen, alles läßt sich dahin nicht rechnen. Manches erklärt sich freilich natürlich. Die Kranken hatten den Glauben, Jesus könne sie heilen, und so wurden sie geheilt oder meinten es wenigstens. Aber auch dann bleibt noch ein großer Rest. Wie soll Renan den anders erklären als eben durch die Annahme mehr oder minder bewußten Betrugs? Nehmen Sie die Geschichte von der Auferweckung des Lazarus. Ganz für Sage erklären kann sie Renan nicht, es muß da etwas geschehen sein, was auf die Zeitgenossen den Eindruck einer Totenerweckung machte. Welche Wahl bleibt dann aber als entweder zu sagen: Da ist wirklich ein Toter erweckt! oder: Da ist ein Betrug gespielt!? Weil Renan das erstere nicht sagen will, muß er das zweite sagen. An Renan kann man recht lernen, wohin man kommt, wenn man einerseits die Berichte der Evangelisten auch nur in ihren Grundzügen als historisch anerkennt, und das muß man, wenn man nicht einer ganz unwissenschaftlichen Willkür verfallen will, und doch sich weigert, Jesum als den Mensch gewordenen Gottessohn gelten zu lassen. Dann bekommt man einen bloßen Menschen ja, aber ganz gewiß nicht einen sittlich reinen, ein Urbild echter Menschlichkeit, sondern mit innerer Notwendigkeit einen Schwärmer oder Betrüger.

Und der soll der Stifter des Christentums, der Gründer der Kirche sein? Jetzt bitte ich Sie, vergegenwärtigen Sie sich einmal die Thatsache, das Christentum ist doch da und die Kirche ist da, das ganze christliche Leben ist da und seine Früchte fehlen nicht, seine segensreichen Wirkungen bei Einzelnen wie bei ganzen Nationen, bei der ganzen Menschheit. Das sind doch Thatsachen. Die müssen doch nach vernünftigem Denken einen zureichenden Grund haben. Beantworten Sie sich ruhig die Frage, ob dieses Leben Jesu, wie es Renan erzählt, ein zureichender Grund ist? ob dieser Jesus Renans eine solche Religion, eine solche Kirche stiften kann? Mutet man uns da nicht zu, etwas rein unbegreifliches, rein unmögliches anzunehmen? Erklären Sie mir doch, wenn Sie es können, wie es denn zugeht: Da lebt in Palästina dieser Jesus, ein Schwärmer, der sich für allmächtig hält, ohne es zu sein, der sich als den Weltrichter träumt und ist doch nur ein Mensch, der den Schein annimmt Wunder zu thun und thut keine, der zuletzt zum Betrüger wird und durch eigene Schuld untergeht — und 20 Jahre nach seinem Tode erklären ihn eben dieselben, die mit ihm umgegangen sind, für einen Gott, und was das Seltsamste ist, finden damit Glauben; da werden Dinge von ihm erzählt, Wunder, die doch nicht geschehen sind. Er hat sich selbst den Betrug gefallen lassen, und das vergißt man nicht bloß, sondern macht ihn zum Stifter einer Religion, die alle Lüge aufs härteste verurteilt, legt ihm selbst das Wort in den Mund, die Lüge sei vom Teufel. Da sind Männer wie dieser Paulus, wie man sonst von ihm urteilen mag, ein Mann nüchtern, ruhig, klar wie selten ein anderer, wahr durch und durch, und der wird aus einem Verfolger zu seinem Apostel. Jesu Gegner verfolgen ihn auf den Tod, klagen ihn an vor Gericht, bieten alles auf, was sie vermögen, seine An=hänger zu vernichten, aber nirgends zeigt sich eine Spur davon, daß sie die Wunder, die von ihm erzählt sind, leugnen oder als Betrug zu erweisen auch nur den Ver=such machen, da ihnen doch als Zeitgenossen Beweis=mittel genug zu Gebote stehen mußten. Erklären Sie mir nur eines dieser vielen Rätsel.

Doch hören wir Renan selbst. Vielleicht hat er eine Lösung gefunden. Zunächst würde er sich wohl darüber beklagen, daß wir immer so grob von Lüge und Betrug reden. „Es ist leicht für uns, ohnmächtig wie wir sind, das Lüge zu nennen und, stolz auf unsere zaghafte Ehrbarkeit, mit Geringschätzung den Helden zu behandeln, der unter anderen Bedingungen den Kampf des Lebens aufgenommen hat. Wenn wir mit unsern Skrupeln vollbracht haben werden, was jene mit ihren Lügen, dann erst haben wir das Recht gegen sie streng zu sein". Aber, werden Sie sagen, das ist ja eine Rechtfertigung der Lüge zu frommen Zwecken! Gewiß ist es das und nicht etwa bloß eine im augenblicklichen Eifer gegebene, sondern gerade hier tritt die ganze Welt= und Lebensanschauung Renans offen heraus. Ich erinnere jetzt wieder an die Sätze, die ich schon vorhin anführte, daß die Idee nicht realisiert werden kann, ohne ihre Reinheit einzubüßen. Hier haben Sie dieselben Sätze nur noch offener. „Das ist die Schwach= heit des menschlichen Geistes, daß die beste Sache nur mit schlechten Gründen gewonnen wird." „Es giebt keine große Stiftung in der Welt, die nicht auf Legende ruhte. Alle großen Dinge machen sich nur durch das Volk, und man leitet das Volk nicht, ohne sich seinen Ideen hinzugeben. Man muß die Menschheit nehmen, wie sie ist, mit ihren Illusionen und suchen, auf sie und mit ihr einzuwirken. Der einzig schuldige ist in einem solchen Falle die Menschheit, die betrogen sein will." Offener kann man nicht sein; da haben Sie den Satz in seiner ganzen Nacktheit: „Die Welt will betrogen sein, also wird sie betrogen," und den Satz als Grundlage, als Kanon und Maßstab des Lebens Jesu! Beachten Sie es doch, das sind die sittlichen Grundlagen derer, die so viel von Sittlichkeit reden und das Christentum auf seine einfachen sittlichen Grundlagen zurückzuführen sich rühmen.

Doch gehen wir noch einen Schritt weiter. Die Weltanschauung ruht auf dem Begriff, den man von

Gott hat. Prüfen wir Renan auf diesen tiefsten Grund. Hat Renan noch einen Gott? Es scheint so. Rühmt er doch an Jesu vor allem, daß er ein so reines Gottesbewußtsein gehabt habe wie keiner vor ihm und keiner nach ihm. Ist doch nach seiner Ansicht das reine Christentum nichts anderes als diese Predigt von Gott als dem Vater aller Menschen. Verdächtig dagegen muß es uns schon werden, wenn Renan den Inhalt des Glaubens für ein Utopien erklärt, noch mehr, wenn er Jesu oft ganz pantheistisch gefärbte Gedanken unterschiebt, wenn er von ihm sagt, daß nach seiner poetischen Auffassung ein Hauch Gottes das ganze Universum durchbringe. Fragen wir einmal anderswo nach, wie sich Renan über diese Frage äußert, so kann über seine wahren Gedanken kaum noch ein Zweifel bestehen. Ein Aufsatz aus dem Jahre 1863 in der Revue des deux mondes, ein Brief Renans an den Chemiker Berthelot, ist zwar in seinen Äußerungen über das Wesen Gottes vielfach unklar und unbestimmt, allein so viel ergiebt sich, daß Renans Gott nicht der frei persönliche Gott der Schrift ist, nicht der Schöpfer der Welt, der Vater unsers Herrn Jesu Christi. Seine Anschauungen sind doch stark pantheistisch gefärbt.[3]) Es ist also nichts mit dem Gottesbewußtsein Jesu, Renan hat ein anderes. Es ist nichts mit diesem himmlischen Vater, den Jesus verkündet, Renan wenigstens glaubt nicht daran, und wenn er doch zuweilen thut, als glaube er an diesen himmlischen Vater, so liegt nach seinen vorhin entwickelten Grundsätzen die Vermutung nahe genug, darin nur eine Anbequemung an die Ideen des Volkes zu finden, auf das er wirken will. Die Schuld einer solchen Anbequemung fällt ja nicht auf ihn, sondern auf das Volk, das noch an den alten Ideen festhält. Die Zeit wird wohl kommen, wo auch diese Hülle fallen darf, und man dem Volke offen statt des Vaters unsers Herrn Jesu Christi den Allgott predigen kann.

Renan schildert einmal mit lebendigen Farben die Höhe von Nazareth und den Blick, den man von da aus genießt auf die schönen Linien des plötzlich nach dem Meere zu abfallenden Karmel, auf die Berge von Gilboa, den schön gerundeten Thabor und weiterhin bis ins Jordanthal, und bricht dann in die begeisterten Worte aus: „Wenn einst die Welt, christlich geblieben aber fortgeschritten zu einer richtigeren Erkenntnis der Ursprünge des Christentums, echte heilige Orte an die Stelle der apokryphen Heiligtümer setzen wird, dann wird es diese Höhe von Nazareth sein, wo sie ihren Tempel baut." Das wird dann wohl der Tempel sein, in dem Sakya-Muni, Muhammed und Jesus, wie sie Renan so gern zusammenstellt, friedlich neben einander verehrt werden, und die freigewordene Menschheit den Gott Renans anbetet.

Ist es Zufall, daß Renan diesen Tempel gerade nach Nazareth legt? Dann ist es in der That ein merkwürdiger Zufall. Denn Sie erinnern sich doch, was für eine Aufnahme Jesus gerade in Nazareth fand und was von Nazareth geschrieben steht: „Sie ärgerten sich an ihm," und „Er verwunderte sich ihres Unglaubens."

II.

Schenkels Charakterbild Jesu.
Strauß Leben Jesu.

Das Leben Jesu von Renan, mit dem wir uns bei unserer letzten Zusammenkunft beschäftigten, hat auf weite Kreise eingewirkt. In fast alle Sprachen des zivilisierten Europa übersetzt, ist es in vielen tausenden von Exemplaren verbreitet, am meisten freilich unter den Völkern romanischer Abstammung und im Bereiche der römischen Kirche, der Renan ursprünglich angehört hat, wie sich denn auch unschwer nachweisen lassen würde, daß die ganze Art des Buches eben diesem Kreise entspricht. Nebenbei gesagt ist die große Verbreitung des Buches in romanisch-katholischen Ländern, die Gier, mit der es dort, man kann wohl sagen, verschlungen ist, auch ein Beweis, daß es in der römischen Kirche mit dem Glauben des Volks nicht so gut aussieht, wie man es oft darstellt, daß die Entchristlichung von Massen, namentlich der Gebildeten, sich dort ebenfalls vielleicht in noch höherem Maße als bei uns findet, wenn sie auch bei der äußerlich wenigstens noch größeren Macht der Kirche nicht so offen hervortritt. Unserm deutschen Volke hat man das Buch meist in Bearbeitungen geboten, in denen nicht bloß gestrichen ist, was an mehr gelehrtem Stoff im Original sich findet, sondern die auch manche gar zu frivole Äußerungen beseitigt haben, wie ich davon in meinem letzten Vortrage ein Beispiel anführte. Für uns Deutsche bedurfte es, das sah man wohl ein, anderer Speise, und angeregt durch Renan und den großen Erfolg seines Buches, hat man versucht, sie ihm zu bieten. Zwar Strauß hatte den Entschluß, sein Leben Jesu aufs neue für das deutsche Volk zu bearbeiten bereits gefaßt und zum Teil ausgeführt, ehe das Werk von Renan erschien, ein Zeichen mehr, wie sehr diese Sache gleichsam in der Luft lag; dagegen ist Schenkel erst durch das Erscheinen des Renanschen Werkes bewogen, sein „Charakterbild Jesu" zu schreiben.

Er spricht es in der Vorrede seines Buches geradezu aus, daß das Aufsehen, welches das Leben Jesu von Renan hervorgerufen, ihn lebhaft erinnert habe, wie nötig es sei, „dem tiefen Bedürfnisse unserer Zeit nach einer ächt menschlichen, wahrhaft geschichtlichen Darstellung des Lebens Jesu entgegenzukommen". Dabei will Schenkel jedoch nicht eigentlich ein Leben Jesu schreiben, sondern nur ein „Charakterbild Jesu" geben. In Wirklichkeit ist freilich das Buch, welches diesen Titel führt, ein Leben Jesu. Schenkel erzählt uns das ganze Leben des Herrn von seiner Geburt bis zum Tode, er giebt überhaupt das, was man von einem Leben Jesu erwartet. Nur hat er durch den Titel den Vorteil gewonnen, daß er nicht alle Abschnitte gleichmäßig zu behandeln braucht, ein Vorteil, den er in dem über sein Buch entstandenen Streite gut auszunutzen gewußt hat.

Soll ich Ihnen da nun auch zuerst einen kurzen Überblick über den Inhalt des Buches geben, auch hier versuchen, das Bild, welches Schenkel entwirft, wenigstens in seinen Hauptzügen nachzuzeichnen, so muß ich mit einer Klage anheben. Kommt man von Renan zu Schenkel, so vermißt man sofort die klaren und festen Züge, mit denen Renan das Bild Jesu entwirft. Bei Schenkel ist alles verflossener, nebelhafter. Während man bei Renan immer weiß, wie man daran ist, weiß man das bei Schenkel oft gar nicht, und giebt man sich auch alle Mühe, aus den reichlichen Worten seine eigentliche Meinung herauszufinden, so muß man mit Erstaunen nachher wahrnehmen, daß man ihn doch gänzlich mißverstanden hat. Nur ein Beispiel der Art. Freund und Feind hatte aus dem Buche herausgelesen, daß Schenkel die wirkliche Auferstehung Jesu leugne, seine Freunde mit Wohlgefallen, indem sie daraus schlossen, er habe mit dem kirchlichen Glauben jetzt ganz gebrochen, seine Gegner mit Entrüstung, indem sie ihm gerade die Leugnung der Auferstehung zum Hauptvorwurf machten. Auf einmal kommt Schenkel und klagt, er sei gänzlich mißverstanden, er leugne die Auferstehung keineswegs, er mache sie nicht, wie seine Gegner behaupteten (übrigens keineswegs seine Gegner allein, seine Freunde ebenso) zu einem bloß innerlichen Vorgange im Seelenleben der Jünger, sondern er erkenne die Realität der Erscheinungen des Auferstandenen als reale Erweisungen seiner in verklärtem und erhöhtem Zustande fortlebenden Persönlichkeit unumwunden an. Es ist in der That übel, wenn sich jemand über einen solchen Hauptpunkt so unklar ausdrückt, daß ihn seine Leser durchweg mißverstehen.

So ist man wirklich in einer üblen Lage, wenn man das Bild, welches Schenkel giebt, wiedergeben soll. Man weiß es nicht recht zu fassen und noch schwerer ist es wieder darzustellen. Man müßte eben dieses Unbestimmte, Schillernde mit wiedergeben, und doch soll man andererseits sagen, was Schenkel eigentlich will. Es muß ja aber versucht sein, nur bitte ich mir nicht die Schuld zuzuschieben, wenn das Bild etwas dürftig ausfällt. Den Wortschwall, mit dem Schenkel die einzelnen Züge umgiebt, kann ich wenigstens nicht gut hinzuthun.

Jesus, der Sohn des Zimmermanns Joseph in Nazareth (auch Schenkel beseitigt die übernatürliche Geburt als Sage), ist ein Kind des Volks und in beschränkten Verhältnissen groß geworden. Gerade das war die rechte Vorbereitung für ihn, den künftigen Volksmann. Schon früh zeigte sich die Stärke seiner religiösen Empfindungen, namentlich als er, ein zwölfjähriger Knabe, zum erstenmale das Fest in Jerusalem besuchte. Sein Verhältnis zu Johannes dem Täufer ist ganz anders zu denken, als es die Evangelisten darstellen. Der Versuch des Johannes, eine sittliche Erneuerung seines Volkes zu schaffen, war ein grundverkehrter. Johannes ist der Mann, der einen neuen Lappen auf das alte Kleid setzt. Deshalb scheiden sich Jesu Wege auch bald von ihm. Zwar sein messianischer Beruf war Jesu jetzt noch nicht klar, aber das war ihm schon klar geworden, daß die Theokratie kein Mittel zur Erneuerung des Volkes besitze, daß dazu eine Gottes=

that nötig sei; und daß diese von ihm ausgehen sollte, ahnte er wenigstens.

So tritt er als Lehrer auf mit der Predigt: Die Zeit ist erfüllet! die alte Zeit, „die Zeit der theokratischen Gottesherrschaft, der zeremoniellen Bevormundung und satzungsmäßigen Bemaßregelung des Volkes" ist vorüber, das Reich Gottes ist da. Sinnesänderung ist die Bedingung der Teilnahme. Jesus tritt nicht als Messias auf, aber als Stifter einer neuen von den theokratischen Bedingungen unabhängigen Gemeinschaft ächter Israeliten. Als Kern derselben sammelt er die ersten Jünger und sucht besonders unter den mittleren Schichten des Volks in den Orten um den See Genezareth herum zu wirken. In Kapernaum vollbringt er auch die erste That, die dem Volke als ein Wunder erschien. Er heilt einen Besessenen, einen Dämonischen. Freilich besessen war derselbe nach Schenkels Ansicht nicht, das nahm nur der Aberglaube jener Zeit an, über den das Volk aufzuklären nicht Jesu Aufgabe war. Es ist auch nicht sicher, daß der Mensch für immer wirklich geheilt war, aber Jesus stillte doch durch tröstlichen Zuspruch und liebevolles Anfassen den Krampfanfall desselben. So galt er denn jetzt dem Volk als ein Wunderthäter. Er galt dafür, ohne es zu sein. Zwar gesteht Schenkel zu, daß Jesus, obwohl ihm das immer zuwider war und er es nur ungern that, Kranke durch tröstlichen Zuspruch und liebevolle Anfassung heilte, aber das ist psychologisch ganz erklärlich, nicht Wundergabe, sondern Naturgabe. Eigentliche Wunder, Ausstrahlungen seiner göttlichen Natur, leugnet Schenkel bestimmt. Was für Wunder gehalten

wurde, ist doch alles innerhalb der von der Natur ge=
zogenen Schranken geschehen. Auf diese Weise werden
eine ganze Reihe von Wundern natürlich erklärt. Was
sich so, selbst für Schenkel, nicht erklären lassen will, ist
Sage, entweder ganz oder meist so, daß ein ganz natür=
licher Vorgang zu Grunde liegt, der dann sagenhaft aus=
geschmückt zum Wunder geworden ist. So z. B. das
Wunder auf der Hochzeit zu Kana. Geschichtlich ist hier
nur, daß Jesus auch auf die Hochzeit ging und es nicht
für unangemessen hielt, für Herbeischaffung des mangeln=
den Weines zu sorgen. Weil eine spätere Zeit das doch
als unangemessen ansah, wandelte die Sage die Geschichte
dahin um, daß Jesus den Wein durch ein Allmachts=
wunder herbeigeschafft habe.

So verläuft die erste Periode der Wirksamkeit Jesu.
Der Widerspruch der hierarchischen Partei treibt ihn weiter.
Die orthodoxen Schultheologen, die Partei der Hochkirch=
lichen, so bezeichnet Schenkel gern die Schriftgelehrten
und Pharisäer, nehmen Anstoß daran, daß er den Sabbath
bricht. Da proklamiert er die Freiheit des Kultus und
tritt als Vertreter ächter Menschenwürde und ewiger
Menschenrechte auf. Das vollendet innerlich den Bruch
mit den Hochkirchlichen. Im Kampfe mit ihnen geht
Jesu das Bewußtsein auf, „daß in seiner Person ursprüng=
lich, unmittelbar, urkräftig die ewige Wahrheit, die vom
himmlischen Vater ist, das Wesen, das allen Dingen
zum Grunde liegt, sich eine neue Gestalt gegeben habe,
während alle Schulgelehrsamkeit, alles priesterliche Mittler=
tum, aller Opfer=, Tempel= und Sabbathsdienst des
Judentums doch nur einer goldverbrämten Decke glich,

welche die Erkenntnis des ewig göttlichen und ächt menschlichen den Blicken verhüllte". Dumpfer Gehorsam oder freie Liebe auf dem Gebiete der Religion und Sitte, das war jetzt die Frage.

Zwar auch jetzt wollte Jesus noch nicht der Messias sein, aber Erretter, Erlöser seines Volkes. Der Widerstand, den er fand, trug zur Klärung bei, und so that Jesus jetzt einen großen Schritt weiter in der Errichtung der neuen Israelitischen Gottesgemeinde (mehr war es noch nicht), indem er die Zwölfe auswählte und aussendete. Darin lag ein Keim, der über sich selbst hinauswachsen mußte. Herstellung des wahren Israel, das war das nächste Ziel der Wirksamkeit Jesu gewesen. Aber ein Reich des Geistes, der Wahrheit, der Gerechtigkeit, der Liebe, das im Innern des Menschen seine Stätte hat, an keine äußern Satzungen gebunden ist, nicht von Überlieferungen und Zeremonien, von Formen und Formeln abhängt, gehört keinem vereinzelten Volke, sondern der Menschheit selbst an. So richtete sich Jesu Blick auf die Heidenwelt. Er begab sich in die Gegend von Tyrus und Sidon, dann nach Cäsarea Philippi. Es war das nicht eigentlich eine Missionsreise, Zweck der Reise war vielmehr, die Empfänglichkeit der Heidenwelt zu prüfen.

Von da zurückgekehrt, spricht er das entscheidende Wort aus, er erklärt sich für den Messias. Es mußte ihm das schwer fallen, denn er wußte recht wohl, daß die Aufgabe des Messias im alten Testamente eine ganz andere ist als die seinige war, nämlich die Erhebung der Priesterherrschaft Israels zur Weltherrschaft, der alttestamentlichen Theokratie zur Weltreligion, während er ein geistiges Reich aufrichten wollte; er wußte auch recht wohl, daß er in diesem Sinne die messianischen Erwartungen des Volkes nicht erfüllen könne. Dennoch erklärte er sich für den Messias. Er mußte das thun, denn es war der einzige Weg, bei einem großen Teile des Volks mit seinen Gedanken durchzudringen. So mußte er sich die Anwendung alttestamentlicher messianischer Vorstellungen auf seine Person gefallen lassen und zugleich versuchen, sie von den ihnen anhaftenden unlautern Elementen zu reinigen, sie so in ihrem wahren Kern zu erfüllen. Freilich war die Erfüllung des alten Bundes in seiner Person die Nichterfüllung sämtlicher theokratischer Erwartungen. Ein leidender Messias war den Juden ein Widerspruch, und doch mußte er ein leidender Messias werden, erst im Leiden konnte sich seine Bestimmung erfüllen, das Leiden sollte die wahre Weihe seines Erlöserberufs werden.

Mit dem Aufbruche nach Jerusalem beginnt die letzte Periode im Leben des Herrn, die Schule des Leidens, die Vollendung seiner Wirksamkeit. Die eigentliche Entscheidung bringt der Einzug in Jerusalem. Damit gab er seinen Gegnern die Waffen in die Hand. Er trat offen als Messias auf, nicht bloß indem er so einzog, sondern mehr noch durch die messianische That der Tempelreinigung, durch die er zeigen wollte, daß dieses steinerne Haus dem Untergange geweiht, daß der Untergang der theokratischen Herrschaft und des äußerlichen Tempeldienstes schon eine vollendete Thatsache sei. Er wollte damit sein Recht erweisen, an die Stelle dieses von seinen eigenen Wächtern entweihten steinernen Tempels den neuen großen

Hauptzüge des Bildes Jesu bei Schenkel.

geistigen Völkertempel zu setzen. Er proklamierte sich damit als den Messias eines geistigen Gottesreiches. Jetzt konnten seine Gegner ihm den Prozeß machen. Jesus selbst wußte, daß er dem Buchstaben des veralteten Gesetzes verfallen war. Verrat kam hinzu und lieferte ihn in die Hand seiner Feinde. Aber am Kreuz ist er verherrlicht. Sein Tod wurde zur Quelle des Segens und der Ehre. Die barmherzige Liebe, als deren Vertreter er starb, klagte das herzlose Gesetz an, dessen Buchstabe ihn getötet hatte. Das Gesetz kam jetzt auf die Anklagebank und mit ihm die ganze theokratische Anstalt. Die Hierarchie war jetzt gerichtet, ihre Satzungen verurteilt, ihr Formalismus ein Gegenstand des Abscheus geworden durch das zum Sinnbilde der Unschuld, der Reinheit, der Wahrheit, des Rechts, der Liebe, der Freiheit erhobene Kreuz. So ist sein Tod die Sühne für die Sünden der Welt. Er war dieses, indem durch seine segensreichen Folgen die Wirkung der Satzung aufgehoben ward, weil dadurch der Menschheit die Erkenntnis zu teil wurde, daß Gott an die Sünde nicht den Maßstab des toten vorschriftsmäßigen Buchstabens legt. Der gestorbene Christus ist aber auch der ewig lebendige, er lebt in seiner Gemeinde. Der lebendige Christus ist der Geist der Gemeinde. Er lebt in allen denen, in denen sein Wort Geist und Leben geworden ist.

Für diese seine Darstellung erhebt nun Schenkel den Anspruch, sie soll ein wirklich geschichtliches und echt menschliches Lebensbild Jesu geben. Der Anspruch ist um so vielsagender als die Kirche nach Schenkels Ansicht ein solches Lebensbild niemals gehabt hat. Niemals, sage ich, denn schon die ältesten Darstellungen des Lebens Jesu, unsere Evangelien sind weder wirklich geschichtlich noch ist das in ihnen enthaltene Bild Jesu echt menschlich; in ihnen hat schon die Wundersage das Übergewicht. Zwar hat die judenchristliche Partei ritterlich gegen die Vergötterung Jesu gekämpft aber vergeblich. Sie konnte die Bildung des Dogma vom Gottmenschen mit seinen beiden Naturen, einer göttlichen und einer menschlichen, nicht hindern. Ein solches Doppelwesen ist aber durchaus ungeschichtlich, und von diesem Standpunkte aus ein echt menschliches Bild Jesu nicht zu gewinnen. Die Reformatoren nahmen diesen katholischen Lehrsatz, ohne ihn zu prüfen herüber. Sie wagten es (aus Furcht vor den Folgen, meint Schenkel) nicht, ihn einer prüfenden Durchsicht zu unterziehen, in Schenkels Augen ein schwerer Mißgriff, der sich auch schwer gerächt hat. Erst der Rationalismus hat den Versuch gemacht, die Person Jesu menschlich zu begreifen. Allein das rationalistische Christusbild ist ungenügend, es läßt das Gefühl kalt, die Phantasie leer, das Gemüt gleichgültig. Man kann an diesen rationalistischen Christus nicht glauben. Schleiermacher ist einen Schritt weiter gegangen; er zeichnet ein Christusbild, wie er es für sein religiöses Bedürfnis brauchte. Aber sein Christus hat einen großen Mangel, er ist kein Christus für das Volk, nicht der Christus, „wie derselbe unter dem Volke gewandelt, gelehrt, gekämpft, wie er für das Volk gelitten und in den Tod gegangen ist." So ist denn das Bedürfnis noch immer unbefriedigt. Die Kirche besteht über 1800 Jahre, sieht in diesem Christus ihr Haupt, ihren Herrn, ihres Lebens Quell,

Ist Schenkels Charakterbild Jesu geschichtlich? 49

um diesen Christus bewegen sich ihre Gottesdienste, ihre Lehre, ihr ganzes Leben; aber seltsamerweise hat sie ein wirklich geschichtliches echt menschliches Bild dieses ihres Herrn bis heute nicht gehabt. Schenkel hat es versucht, diesen großen Mangel zu ergänzen. Wahrlich! wäre es ihm gelungen, man müßte von dem Tage, an dem sein Charakterbild Jesu erschienen ist, eine neue Epoche in der Kirchengeschichte datieren, und Schenkel hätte der Kirche einen größeren Dienst erwiesen als Luther oder sonst irgend einer der großen Männer, zu denen sie als zu ihren menschlichen Lehrern aufschaut. Doch lassen wir uns durch die Größe der erhobenen Ansprüche nicht hindern, sie ruhig zu prüfen. Schenkel giebt ja selbst sein Charakterbild nur für einen Versuch aus, so gewiß er seinerseits überzeugt sein mag, daß es ein gelungener Versuch ist.

Die Frage, die uns beschäftigt, ist also die, ob sein Charakterbild Jesu wahrhaft geschichtlich ist? Dazu gehört doch vor allem, daß das Bild den Quellen entnommen ist. Wirklich geschichtliche Behandlung der Quellen ist der erste Anspruch, den man an eine geschichtliche Darstellung zu machen berechtigt ist. Schenkel bevorzugt da nun ganz besonders das Markusevangelium. Dieses hat nach seiner Ansicht als die der Zeit des Erlösers am nächsten liegende Darstellung seines Lebens zu gelten. Auf Grund mündlicher Vorträge des Petrus hat es Markus in der Zeit von 45—58, also ungefähr nur 20 Jahre nach dem Tode des Herrn und noch bei Lebzeiten des Petrus niedergeschrieben. Nimmt man hinzu, daß diese Aufzeichnungen nach den Vorträgen des Petrus, wie Schenkel ausdrücklich anerkennt, mit großer Genauigkeit gemacht sind, so haben wir an dem zweiten Evangelium allerdings eine so gute Quelle, wie man sie nur wünschen kann. Zwar, nimmt Schenkel an, besitzen wir das zweite Evangelium nicht mehr so wie es aus der Hand des Verfassers hervorging, der Urmarkus ist überarbeitet, aber diese Überarbeitung hat doch den wesentlichen Inhalt nicht verändert. Schenkel legt nun den Markus zu Grunde, sein Charakterbild soll geradezu eine Darstellung des Lebens Jesu auf Grund des zweiten Evangliums sein. Ob er daran recht thut, ob die eben entwickelte Ansicht über den Markus und sein Verhältnis zu den andern Evangelien richtig ist? darüber will ich mit ihm jetzt nicht rechten. Lassen wir das Alles also einmal gelten, dann wird aber doch Schenkels Darstellung im wesentlichen mit der des Markus, sein Christusbild mit dem Bilde, das Markus giebt, zusammentreffen müssen. Ist dem so? Sie werden gleich antworten: Nein! Der Christus des Markus ist ein ganz anderer als der Schenkels. Fassen wir nur einen Punkt ins Auge, die Wunder, welch ein Unterschied! Schenkel behauptet freilich, im Markus trete das Wunderbare noch weniger stark auf als in den übrigen Evangelien, und rechnet das zu den Beweisen für das höhere Alter desselben. Das ist aber einfach nicht wahr. Lesen Sie den Matthäus und dann den Markus, Sie werden in dieser Beziehung keinen Unterschied finden. Dort wie hier und hier wie dort ist das ganze Wirken des Herrn von Wunder durchzogen, das ganze Kolorit des Bildes übernatürlich. Wie setzt sich Schenkel damit auseinander?

Die Behandlung der Quellen. — Das Markusevangelium.

Schenkel antwortet, das Vorkommen von Wundern sei aus einer doppelten Ursache zu erklären. Einmal habe Markus die Vorträge des Petrus frei bearbeitet und unter dem Einflusse der mündlichen Überlieferung und des Wunderbedürfnisses der apostolischen Gemeinde sein Evangelium geschrieben; auch möge Petrus selbst nach alttestamentlichen Vorgängen manche evangelische Begebenheit in das Licht der Wunderwirkung gestellt haben. Sodann habe der Überarbeiter des Urmarkus hin und wieder die späteren Vorstellungen in die älteren Berichte eingetragen; wo dies im einzelnen geschehen, sei freilich kaum mehr mit Bestimmtheit auszumitteln. Zunächst machen wir die Bemerkung, daß Schenkel, während er nur zwei Ursachen ankündigt, drei wirklich giebt, denn außer dem Markus selbst und seinem Überarbeiter wird so ganz nebenbei in einem Zwischensatze auch dem Petrus ein Teil der Schuld aufgebürdet. Wer aber von den dreien der eigentliche Hauptschuldige ist? das zu ermitteln lehnt Schenkel ab; er begnügt sich damit, uns drei Männer so im allgemeinen verdächtigt zu haben, daß durch sie die Wundersage in die Erzählung eingefürt sei. Ich fürchte, wir werden uns aber mit dieser allgemeinen Verdächtigung weder begnügen wollen noch können. Ja, wenn es sich nur darum handelte, daß hie und da einmal ein kleiner wunderbarer Zug angebracht, dann und wann eine Erzählung wunderbar ausgeschmückt oder in das Licht der Wunderwirkung gestellt wäre, dann vielleicht. Aber so ist es nicht, es handelt sich um eine ganze Reihe der größten Wunder, die Schenkel freilich (hier kommt es ihm zu Hülfe, daß er nur ein Charakterbild schreibt, kein Leben Jesu) zum Teil mit Stillschweigen übergeht. Da ist nicht bloß die Speisung in der Wüste, da ist auch die Stillung des Sturms, die Erweckung der Tochter des Jairus. Ja die ganze Erzählung ist vom Wunderbaren durchtränkt, die ganze Person Jesu in das Licht des Wunders gestellt. Wer von den dreien hat denn das gethan? An Petrus erinnert Schenkel nur so nebenbei, zählt ihn auch nicht einmal mit. An den ist in der That auch gar nicht zu denken. Von ihm können die Wundergeschichten nicht herrühren. Vergegenwärtigen wir uns nur einzelnes. Da hat der Herr in der Wüste, wie Schenkel sagt, auf ganz natürliche Weise dem Volke Speise verschafft, Petrus sollte aber die Geschichte erzählt haben, als ob Jesus durch ein Wunder das Brot vermehrt hätte?! Da hat der Herr sich einmal auf dem Meere mutiger erwiesen als selbst gelernte Schiffer (wieder so eine Schenkelsche Auslegung), und daraus sollte Petrus die Geschichte von der Stillung des Sturmes gemacht haben?! Da ist im Hause des Jairus kein Toter erweckt, und Petrus sollte das doch berichtet haben?! Das ist unmöglich. Petrus müssen wir entlassen, er kann der Schuldige nicht sein. Ebensowenig der Überarbeiter. Käme alles Wunderbare, soweit es nach Schenkel Sage ist, auf seine Rechnung, so hätte er den Urmarkus nicht bloß sehr wesentlich abgeändert, er hätte ein ganz neues Christusbild geschaffen, das ist aber Schenkels Meinung nicht, wäre auch eine ganz unhaltbare Hypothese. Schenkel sieht den Bearbeiter auch nicht als den eigentlich schuldigen an. Er hat nur hin und wieder die späteren Vorstellungen eingetragen. Also bleibt niemand übrig als Markus

Die Behandlung der Quellen. — Das Markusevangelium. 53

selbst. Das steht nun freilich im Widerspruch mit dem, was Schenkel uns vorher gesagt, Markus habe die Vorträge des Petrus mit großer Genauigkeit nachgeschrieben. Doch den Widerspruch wollten wir uns noch gefallen lassen, wenn wir nur zum Ziele kämen. Statt dessen stehen wir aber vor einem neuen Rätsel. Markus schreibt die Vorträge des Petrus nach und macht daraus etwas ganz anderes, neues, giebt den ganz natürlichen Vorgängen, die Petrus berichtet, einen ganz wunderbaren Charakter, schafft überhaupt ein ganz neues Christusbild?! Ist das denkbar? Was muß Markus für ein Mann gewesen sein, wenn er das vermocht hat? Ja noch mehr, das geschieht nicht etwa lange Jahre später, das geschieht unmittelbar nachher, noch bei Lebzeiten des Petrus. Was wird Petrus wohl gesagt haben, wenn ihm dieses Buch zu Gesicht kam oder er davon hörte? Er hat erzählt, daß der Herr das Volk ganz natürlich gespeist, und daraus macht sein Dolmetscher diese wunderbare Speisungsgeschichte! er hat nur erzählt, daß der Herr sich auf dem See während eines Sturmes mutig erwiesen, und nun liest er hier diese Geschichte, daß der Herr den Sturm stillt! er hat von einer Totenerweckung nie etwas erzählt, und doch steht sie in diesem nach seinen Vorträgen verfaßten Buche! In der That das ist mehr als seltsam, das ist undenkbar. Wir kommen also nirgends durch. Schenkel hat uns allerdings in etwas unbestimmter Weise mehrere Ursachen angegeben, wie die Wundersage in die Erzählung gekommen sein soll, allein die Erklärung hält nur Stich, so lange man sie in dieser Unbestimmtheit läßt. Sobald man an irgend einem

Punkte fest zufaßt, greift man in die Luft. So lange uns aber Schenkel nicht bestimmt zu erklären weiß, wie in diese vorzügliche Geschichtsquelle so ganz unhistorische Dinge gekommen sind, so lange müssen wir ihm das Recht bestreiten, sie so, wie er thut, zu benutzen, ihren Inhalt bald als geschichtlich anzunehmen bald als ungeschichtlich zu verwerfen. Es ist das eine unkritische Halbheit. Entweder er wird auch jene von ihm beanstandeten Wunder annehmen müssen, oder er muß eine Quelle, die in unerklärlicher Weise so ungeschichtliche Dinge erzählt, als eine unsichere ganz verwerfen.

Doch die Sache stellt sich noch schlimmer, wenn wir auf das Einzelne eingehen. Schenkel weiß allerdings mit einer Fertigkeit, die an die blühendsten Zeiten des alten Rationalismus erinnert, manche Wundererzählungen ganz natürlich zu erklären. Da wird uns z. B. erzählt, daß der Herr einen Aussätzigen heilt. Schenkel fühlt wohl, daß tröstlicher Zuspruch und liebevolles Anfassen hier nicht ausreichen. Die haben noch niemals eine schwere Hautkrankheit weggeschafft. Wahrscheinlich, vermutet er deshalb, war der Kranke im wesentlichen schon geheilt, als Jesus zu ihm sprach: Sei gereinigt! Das ist in der That ganz wieder die rationalistische Aus- oder vielmehr Einlegungskunst, denn davon weiß der Evangelist auch nicht das geringste, es ist lediglich Schenkel, der es einschiebt, ohne zu bedenken, welche zweideutige Rolle er Jesum dabei spielen läßt, daß er einen schon geheilten Kranken noch einmal heilt oder zu heilen vorgiebt. Aber selbst diese Kunst der Auslegung reicht doch nicht bei allen Wundern zur Erklärung hin, es bleiben Wunder-

Die Behandlung der Quellen. — Das Markusevangelium. 55

erzählungen über, die sich so nicht behandeln lassen. Da nimmt denn Schenkel eine Teilung vor. Er streift alles Wunderbare als einen späteren Zusatz ab und läßt als eigentlich geschichtlichen Kern nur einen ganz natürlichen Vorgang stehen. Um nicht immer neue Beispiele zu gebrauchen will ich es wieder an der Geschichte der wunderbaren Speisung deutlich machen. Hier schiebt Schenkel das Wunder, daß Jesus mit wenigen Broten viele Tausende speist, beiseite; hält aber als wirklich geschichtlich fest, daß Jesus einmal in der Wüste das Volk gespeist hat, nur nicht wunderbar, sondern durch seine fürsorglichen Anordnungen, indem er durch seine Jünger Speise herbeischaffen und diese, nachdem er ein Dankgebet gesprochen, unter das Volk verteilen ließ. Auf Grund des Eindrucks, den das machte, in Anknüpfung an die geistliche Speisung mit dem Wort des Lebens, die der Herr selbst der Ernährung des Volks in der Wüste durch das Manna verglich, bildete dann die übertreibende wundersüchtige Sage die Erzählung von einer wunderbaren leiblichen Speisung. Also geschichtlich, wirklich vorgefallen ist, daß Jesus das Volk in der Wüste gespeist hat, indem er nach gesprochenem Dankgebet durch seine Jünger Speise austeilen ließ. Aber woher weiß Schenkel das? Aus Markus, wird die Antwort sein. Ja! aber Markus erzählt doch auch klar und deutlich, daß die Speisung eine wunderbare gewesen. Wenn ihm Schenkel jenes glaubt, warum glaubt er ihm dieses nicht? oder auch umgekehrt, wenn er ihm dieses nicht glaubt, wie kommt er dazu ihm jenes zu glauben? Ist Markus ein so unglaubwürdiger Zeuge, daß er ein Wunder erzählt, wo gar keines geschehen ist, so sehe ich nicht ab, wie ihn Schenkel doch wieder als einen so glaubwürdigen Zeugen behandeln kann, daß er die ganze übrige Geschichte bis auf die Details vom Dankgebet und dem Austeilen der Speise durch die Jünger auf sein Zeugnis hin als wahr annimmt. Wohl weiß ich, daß ein Geschichtschreiber in einer Erzählung seiner Quellen Einzelheiten, Nebensachen als unrichtig beanstanden und doch die Hauptsache als wohlbegründet festhalten kann. Aber so steht die Sache hier nicht, sondern gerade umgekehrt. Indem Schenkel das Wunderbare in der Erzählung beseitigt, beseitigt er gerade die Hauptsache, die eigentliche Spitze, den Kern der Erzählung, um dessen willen allein sie überliefert wurde. Oder können Sie sich denken, daß Petrus und die andern Apostel ihren Gemeinden sollten eine Menge so ganz natürlicher Geschichten erzählt haben, wie daß der Herr einmal in der Wüste habe Brot austeilen lassen, daß er einmal auf dem See sich mutig erwiesen u. s. w.? Ist es nicht überall das Wunder, um des willen die Geschichten erzählt werden? Das ist aber ein mindestens höchst bedenkliches Verfahren, in einer Erzählung die eigentliche Pointe als unhistorisch zu verwerfen und doch einige Nebenpunkte festzuhalten. Die Hauptsache zieht die Nebensachen unwiderbringlich mit ins Verderben.

Aber, sagt Schenkel, so wenig die Geschichte, wie sie dasteht, wahr sein kann, so wenig kann sie auch ganz erfunden sein! Darauf antwortete ich zuerst: Warum nicht? Wenn einmal die Hauptsache, das Wunder, erfunden ist, oder durch eine Umdeutung aus dem Geistigen ins Leibliche entstanden ist, weshalb können die Details nicht auch erfunden sein? Ist denn die dichtende Sage so unproduktiv? Wo stellt denn die Sage irgend einen Vorgang so ganz nackt und kahl hin, ohne ihn auch auszumalen? Ist es nicht vielmehr ihre Art überall, was sie erzählt, auch mit lebendiger Anschaulichkeit und farbenreichem Detail zu erzählen? Darauf antworte ich weiter: Ganz eben so gut kann mans auch herumkehren und was Schenkel von dem angeblichen natürlichen Kern sagt, von der Wundererzählung sagen: Das kann nicht erfunden sein! Wer will denn sagen, was erfunden sein kann oder nicht? Schenkel sagt von jenem, andere sagen von diesem: Das kann nicht erfunden sein! Es sind das eben rein subjektive Meinungen, weiter nichts. Schenkel hat einmal gegen Strauß eingewandt: Ist so viel geschichtlich, wie er annimmt, so muß auch mehr geschichtlich sein. Ganz dasselbe kann man gegen Schenkel einwenden. Oder man kanns auch umkehren und sagen, wie Strauß wirklich sagt: Ist so viel nicht geschichtlich, wie Schenkel annimmt, so muß auch mehr nicht geschichtlich sein. Es ist kritische Halbheit, da stehen zu bleiben wo Schenkel stehen bleibt. Es ist bloße Willkür, nicht wissenschaftliche Kritik, wenn er sagt: So weit glaube ich dem Markus, so weit nicht. Entweder er muß mit Strauß das Ganze als ungeschichtlich verwerfen, oder mit der Kirche das Ganze als geschichtlich annehmen.

Dieselbe Willkür wiederholt sich in der Behandlung der übrigen Evangelien. So erklärt Schenkel, um ein Beispiel aus Lukas zu nehmen, die ganze Kindheitsgeschichte für Dichtung, dagegen hält er die Geschichte vom zwölfjährigen Jesus im Tempel als wirklich ge=

schehen fest. Für beide haben wir ganz dieselbe Quelle Welches Recht hat denn S ch e n k e l, die eine Erzählung zu verwerfen, die andere festzuhalten? Man wird sagen: Jene, die Kindheitsgeschichte, ist ganz voll Wunder, diese, die Geschichte vom Tempelbesuch des zwölfjährigen Jesus= knaben, durchweg natürlich. Nun ich will nicht davon reden, daß S ch e n k e l doch auch aus der zweiten Er= zählung das Wunderbare erst durch natürliche Auslegung beseitigen muß, ich will es einmal zugeben. Dagegen frage ich: Ist denn das Kritik, aus diesem Grunde die eine Geschichte zu verwerfen, die andere anzunehmen, oder sind das nicht vielmehr dogmatische Voraussetzungen? Nach S ch e n k e l s dogmatischen Voraussetzungen kann es keine Wunder geben, mithin kann die Geburt Jesu nicht so geschehen sein, wie Lukas sie erzählt, also ist die Geschichte nicht echt; dagegen kann die Geschichte vom zwölfjährigen Jesusknaben so geschehen sein, mithin ist sie echt. Da haben wir die Behandlung der Quellen, wie sie der Darstellung S ch e n k e l s zu Grunde liegt. Was zu seinen dogmatischen Voraussetzungen stimmt, was in das Christusbild, das er sich gemacht hat, hinein= paßt, was nach seiner Meinung nicht erfunden sein kann, was nach seiner Ansicht den Stempel der Echtheit trägt, das ist geschichtlich, alles andere nicht.

Auf den Gipfel kommt dieses Verfahren bei der Behandlung des vierten Evangeliums. Dieses kann nach S ch e n k e l nicht von Johannes verfaßt sein. Es wider= spricht in vielen Stücken den andern Evangelien, es ent= hält manche geschichtliche und geographische Verstöße und kann deshalb keinen Paläftinenser zum Verfasser haben.

Die Behandlung der Quellen. — Das vierte Evangelium. 59

Die darin enthaltenen Reden Jesu sind tiefsinnig, aber dunkel und rätselhaft, nicht volkstümlich; so wie ihn das vierte Evangelium reden läßt, kann der geschichtliche Jesus nicht geredet haben. Das vierte Evangelium giebt von vorn herein den geschichtlichen Boden auf und stellt sich auf einen spekulativen Standpunkt. Von diesem Standpunkte aus hat dann die Geschichte allerlei Umbildungen erfahren, die dem Scharfsinne Schenkels nicht haben entgehen können. So erzählt das vierte Evangelium, die Mutter Jesu habe unter dem Kreuze gestanden, und vom Kreuze herab habe der Herr das bekannte Wort zu ihr gesprochen. Schenkel dagegen behauptet, die Mutter habe den Anblick ihres gekreuzigten Sohnes nicht ertragen können; jene Erzählung sei nur aus dem Motive entstanden (er= funden also), um in dem Ausharren der Mutter unter dem Kreuze eine Sühne zu haben für ihre frühere Kälte gegen das Evangelium, und wenn der Evangelist in der ersten Wundererzählung auf der Hochzeit zu Kana ein hartes Wort Jesu gegen seine Mutter berichtet hatte, so wollte er gern mit einem wohlwollenden Worte schließen. Das Wort des Herrn dagegen, mit dem er seine Seele in des Vaters Hände befiehlt, ließ der Verfasser des vierten Evangeliums weg, weil es nicht zu seiner Auf= fassung Jesu stimmte. Ist Jesus nach der Einleitung des Evangeliums das fleischgewordene Wort, Gott eben= bürtig, so kann er nicht erst seinen Geist in des Vaters Hände befehlen.

Nun sollte man meinen, eine solche von spekulativem Standpunkte aus im zweiten Jahrhundert (110—120 meint Schenkel) gemachte Umbildung der Geschichte könne doch nicht als Quelle dienen und konsequenterweise müsse Schenkel bei der Zeichnung seines Charakterbildes das vierte Evangelium ganz beiseite lassen. Weit gefehlt! im Gegenteil ohne das vierte Evangelium „mangelte dem Bilde des Herrn seine ursprüngliche Tiefe und unvergleichliche Höhe." Jesus war zwar nicht in Wirklichkeit so, wie ihn das vierte Evangelium schildert, aber er war so in Wahrheit. Obwohl es nicht von Johannes verfaßt ist, liegen dem vierten Evangelium doch Nachrichten zu Grunde, die von Johannes stammen, und die Schenkel natürlich herausfinden kann trotz der Umbildung, welche die Geschichte hier vom spekulativen Standpunkte erfahren hat. Also wie Sie wollen, es ist beides, echt und nicht echt, Johanneisch und nicht-Johanneisch, wahr und nicht wahr. Damit ist denn für Schenkel die erwünschte Möglichkeit gewonnen, es ganz nach Belieben zu benutzen, aufzunehmen, was in sein Christusbild paßt, und wegzulassen, was nicht paßt.

Nur einige Beispiele der Art. Die Geschichte von dem Gespräch Jesu mit der Samariterin kann so gar nicht geschehen sein, wie sie Johannes erzählt. Zeit und Ort ist falsch angegeben; sie schildert Jesum als allwissend, was er doch nicht war; sie schildert das Verhältnis der Juden zu den Samaritern so, daß der Verfasser eine für einen geborenen Juden ganz undenkbare Unkenntnis der wirklichen Verhältnisse verrät; das Wort Jesu von der Anbetung Gottes bringt ihn in eine ganz andere Stellung zu dem alttestamentlichen Gesetz. Trotz alle dem hören wir auf einmal zu unserer großen Verwunderung, daß diese Geschichte in ihrem Kerne doch nicht erfunden ist,

Die Behandlung der Quellen. — Das vierte Evangelium. 61

sondern das Siegel der Glaubwürdigkeit trägt. Das Rätsel löst sich leicht. Die „erhabenste Schutzrede auf die Toleranz", welche in diesem Gespräch sich findet, die „großartige Weitherzigkeit" in dem Ausspruche über das Wesen des Gottesdienstes darf in dem Bilde Christi, das uns Schenkel entwirft, nicht fehlen; deshalb ist hier auf einmal mitten in all dem Ungeschichtlichen ein geschichtlicher Kern anzunehmen. Ja in seiner Begeisterung für diese Weitherzigkeit vergißt es Schenkel sogar, daß er uns 150 Seiten früher eben dieses Wort vom Gottesdienste als einen Beweis dafür angeführt hat, das vierte Evangelium gebe Jesu eine ganz andere Stellung zum Gesetz als die drei andern Evangelien, also doch wohl eine falsche. Ähnlich ist es mit der Geschichte der Fußwaschung. Gerade in den Berichten über den letzten Abend, hören wir, hat das vierte Evangelium vieles nach spekulativen Gesichtspunkten zurechtgestellt. An jenem Abende kann die Fußwaschung gar nicht geschehen sein. So hat sie wohl der Verfasser nach seinen spekulativen Gesichtspunkten erfunden? Nicht doch! Die Fußwaschung dient so trefflich dazu, allen Priesterhochmut zu demütigen, sie ist ein so unentbehrlicher Zug in dem Bilde, das uns Schenkel entwirft, daß wir trotz alledem hier wieder echt geschichtliche Erinnerung anerkennen müssen. Es ist immer dieselbe Behandlung der Quellen. Was Schenkel in sein Bild paßt ist echt, was nicht paßt ist unecht.

Ja, jetzt kommen wir sogar zu dem ganz unerwarteten Resultate, daß an einigen Stellen, wo die drei ersten Evangelien im Irrtum sind, das Richtige sich im vierten Evangelium findet, daß sich selbst der sonst so bevorzugte Markus gefallen lassen muß, nach dieser Evangelienschrift des zweiten Jahrhunderts korrigiert zu werden. In der Rede bei Johannes 6 haben wir noch eine geschichtliche Spur, daß eine wunderbare Speisung, wie sie auch die drei ersten Evangelien haben, nicht stattgefunden hat. Ja, indem Schenkel die Reden des Herrn von den letzten Dingen bei den drei ersten Evangelisten und die letzten Reden Jesu bei Johannes 13—17 miteinander vergleicht, giebt er Johannes den Vorzug. Er, nicht die anderen Evangelisten, hat die Reden des Herrn von den letzten Dingen im wesentlichen treu wiedergegeben. Das Alles trotzdem, daß Jesus nach Schenkels Ansicht so lange Reden am letzten Abende gar nicht gehalten haben kann, trotzdem daß diese Reden sonst als Beweis der Unechtheit dieses Evangeliums gelten. Auch hier ruht das Urteil auf einem lediglich subjektiven Grunde. Schenkel kann die Rede Johannes 6 vom Himmelsbrot nicht entbehren, um die Entstehung der Sage von der wunderbaren Speisung zu erklären, und die Reden des Herrn von den letzten Dingen bei den ersten Evangelisten sagen ihm mit ihrem Realismus nicht so zu, wie die vermeintlich spiritualistische Auffassung der Johannes.

Das mag genügen. Nach dem allen darf ich wohl als Ergebnis unserer Prüfung hinstellen, daß die Behandlung, welche Schenkel den Quellen angedeihen läßt, eine durchaus unkritische und ungeschichtliche ist, voller Halbheiten, nach dogmatischen Voraussetzungen und subjektiver Willkür. Was würde man wohl dazu sagen, wenn jemand die Quellen zur Geschichte Luthers oder Friedrichs II. so behandeln wollte?

Das Ergebnis.

Gehen wir jetzt dazu über, das Ergebnis zu betrachten, zu dem Schenkel auf diesem Wege gelangt, so ist offenbar der Kern seiner ganzen Darstellung die Entwickelung des messianischen Bewußtseins Jesu. Jesus hatte nicht sofort bei seinem ersten Auftreten das Bewußtsein, der Messias zu sein, sondern ist erst unter den Anfeindungen der hochkirchlichen Partei nach und nach dazu gekommen. Dem ist freilich nach den Evangelien nicht so. Schenkel muß hier ausdrückliche Zeugnisse, selbst seines so hochgeachteten Markus verwerfen, nach denen Jesus mit dem vollen Bewußtsein auftrat, der Messias zu sein. Übersehen wir das aber und fragen nur, ob diese Darstellung geschichtlich möglich ist? Nicht als Messias also tritt Jesus auf, aber als Retter, als Erlöser seines Volkes, als Stifter einer neuen Gottesgemeinde, oder er ahnte wenigstens, daß die Erneuerung des Volkslebens von ihm ausgehen werde. Das Alles aber sollte ja nach den Propheten, nach den Hoffnungen, die damals im jüdischen Volke lebten, der Messias sein. Konnte denn nun Jesus denken, er sei berufen, sein Volk zu erneuen, konnte er sich für den Erlöser, den Retter des Volks halten, den Stifter einer neuen Gottesgemeinde, ohne sich zugleich als den Messias zu erkennen? Das scheint ganz unmöglich. Schenkel selbst hat sich diesem Bedenken nicht entziehen können. Er meint es aber damit beseitigen zu können, daß er die messianische Hoffnung nicht bloß wie sie damals im Volke lebte, sondern auch wie sie in den prophetischen Weissagungen des alten Testaments begründet ist, als eine solche dargestellt, die nur auf äußere Herrschaft, auf Ausbreitung der Theokratie über die ganze Erde abzielte. Eben deshalb konnte sich Jesus, meint er, gar nicht für den Messias halten, mußte vielmehr diesen messianischen Hoffnungen aufs schärfste entgegentreten. Einmal zugestanden, was ich übrigens nicht zugestehe, daß diese Hoffnungen so lediglich national=theokratisch waren, so hinderte das Jesum aber nach Schenkels Meinung doch später nicht, sich für den Messias zu erklären, weshalb soll es ihn denn anfangs gehindert haben? So gut er nachher, wie Schenkel ausführt, den gereinigten Kern dieser Verheißungen auf sich bezog, so gut konnte er das doch auch von Anfang an. Und gesetzt auch, er konnte das aus irgend welchen uns nicht klar gemachten Gründen nicht, das wird doch niemand bestreiten können, daß Jesus sich mit diesen Hoffnungen auseinander setzen mußte und zwar, wenn wir nicht annehmen sollen, er sei aufgetreten, ohne zu wissen, was er wollte, gleich anfangs. Das war gar nicht zu umgehen. Konnte er sich nicht für den Messias halten, so mußte er sich darüber klar werden, daß er es nicht sei, und wir kämen auf diese Weise zu einem Ergebnis, das selbst Schenkel doch wohl ablehnen würde, nämlich Jesus habe zuerst erkannt, er sei der Messias nicht, sei aber später zu der entgegengesetzten Erkenntnis durchgedrungen. Können wir uns hier schon nicht durchfinden, so noch viel weniger, wenn wir hören, was dem Herrn allmählich zur Klarheit über seinen Messiasberuf verholfen haben soll, nämlich der Gegensatz gegen die Hierarchie und das Satzungswesen. Allein wenn Jesus schon bei der Taufe sich darüber klar wird, „daß die Theokratie kein Mittel zur Erneuerung des

Die angebliche Entwickelung im Leben Jesu. 65

israelitischen Volkstums mehr besitze," wenn sich ihm schon in der Einsamkeit der Wüste „kein anderer Ausweg zeigte als innerlich mit der Theokratie zu brechen und sich zum Kampf auf Leben und Tod zu rüsten", so sollte man meinen, da war ja schon alles entschieden, und man versteht es gar nicht, wenn es nun doch erst nachher heißt, „der Bruch sei jetzt unvermeidlich geworden". Wenn Jesus schon im Anfang seines Wirkens jede Rücksicht auf die Theokratie fallen läßt, die Jünger absichtlich den Sabbath brechen läßt, so hat Schenkel wohl recht, wenn er sagt, „der Gegensatz sei zur unauflöslichen Spannung gesteigert", aber das faßt man nicht, wo noch eine weitere Entwickelung herkommen soll. Wenn Jesus abermals in der Weiherede d. i. in der Bergpredigt „sich von jedem Zusammenhange mit der jüdischen Hierarchie und Theologie lossagt", was soll es dann heißen, daß er erst nachher „zum Angriff übergeht"? Noch viel weniger faßt man, wie das Alles gedient haben soll, sein messianisches Bewußtsein zu klären.

Mit einem Worte: Die ganze Entwickelung ist nur Schein. In Wirklichkeit ist gar keine Entwickelung da. Es wird uns das noch klarer werden, wenn wir hier einmal Schenkel mit Renan vergleichen. Bei Renan haben wir eine wirkliche Entwickelung, freilich um den Preis, daß der Faktor der Sünde in das Leben Jesu eingeführt wird. Jesus ladet Schuld auf sich und geht unter. Das zu sagen, davor scheut sich Schenkel. Sein Jesus soll nicht sündigen, nicht Schuld auf sich laden, und doch soll er eine Entwickelung durchgemacht haben ganz so wie andere große Männer. So kommt denn nur eine Schein-Entwickelung heraus. Übersehen wir das nicht, die Vergleichung fällt nach der einen Seite hin zu Gunsten Schenkels aus. Es ist anzuerkennen, und ich will das noch ausdrücklich aussprechen, daß von der Frivolität Renans nichts bei ihm zu finden ist. Es liegt ihm sichtlich daran, Jesum als sittlich rein, ja als sündlos hinzustellen. Allein eben so klar ist es, daß ihm das nicht gelingt. Er fühlt, daß bei einem ganz sündlosen Jesus eine derartige Entwickelung, wie er sie geben will, ganz unmöglich ist, deshalb redet er doch wieder von großen inneren Kämpfen und Stürmen, die Jesus durchgemacht haben soll, von großen Anfechtungen, die er zu überwinden gehabt habe, und stellt damit die Sündlosigkeit wieder in Frage, denn wo innere Stürme und Anfechtungen sind, da ist auch Sünde. Es ist wieder lauter Halbheit. Ganz ist die Sünde von dem Christus Schenkels nicht fern gehalten und doch fern genug, um es zu keiner solchen Entwickelung wie bei Renan kommen zu lassen. Schenkels Christus schwebt haltlos in der Mitte zwischen dem Christus mit Sünde, den uns Renan zeichnet, und dem sündlosen Christus der Kirche.

Was so der Entwickelung an innerem Leben abgeht, das hat Schenkel durch das Kolorit der Darstellung zu ersetzen gesucht. Jesus ist der Volksmann, „der sich des armen gedrückten Volkes annimmt, der unter dem Volke gewandelt, gelehrt und gekämpft, der für das Volk gelitten hat, für das Volk in den Tod gegangen ist." Die Männer des Volks sind ihm die „Männer der Zukunft." Seine Gegner sind „die hochkirchliche Partei," „die Schultheologen," „die Steifgläubigen," die „Kleri-

Jesus als Volksmann. 67

kalen." Seine Aufgabe ist die Satzung (wie unzählige
Male kommt das Wort in dem Buche vor) abzuthun,
das angelernte, dumpfe, tote, bekenntnismäßige Kirchen=
tum. Seine Religion ist die der Humanität; die „von
allen nationalen, konfessionellen, feudalen Vorurteilen
gereinigte Menschenliebe" der Weg zum ewigen Leben.
Die Gottesgemeinde des neuen Testaments soll nicht
auf Amtsautorität und Schultheologie, nicht auf Theo=
logie und Klerus, nicht auf privilegierte Stände, sondern
auf die Liebe des Volks gegründet werden. So prokla=
miert Jesus die von aller zeremoniellen Satzung freie
Religion, proklamiert die Kultusfreiheit, proklamiert die
Menschenwürde und die Menschenrechte, proklamiert das
Gemeindeprinzip. Indem er den Judas von der Abend=
mahlsgemeinschaft nicht ausschließt, hat er gezeigt, daß
alle Kirchenzucht nutzlos ist, hat das Abendmahl nicht
an eine bestimmte Vorbereitung oder an ein bestimmtes
Bekenntnis geknüpft, sondern unbedingte Freiheit der
Teilnahme jedem Teilnehmer zugestanden. Sie sehen,
der Schenkelsche Jesus spricht sich sehr bezidiert über
die Tagesfragen aus, er ist der echte Volksmann der
Gegenwart, der mit seinem Kampf gegen die Satzung
und die feudalen Vorurteile, für Kultusfreiheit und Ge=
meindeprinzip überall mit Beifall auftreten könnte. Aber
der geschichtliche Jesus, der Jesus der Evangelien, der
Jesus des Petrus und Paulus ist das nicht. Der hat
weder Kultusfreiheit noch Menschenrechte proklamiert, der
hat überhaupt nichts proklamiert, denn er „hat nicht
geschrieen noch gerufen auf den Gassen." Der hat zwar
nicht um die Gunst der privilegierten Stände gebuhlt,

aber auch nicht wie der Schenkelsche Jesus dem Volke geschmeichelt und nicht gelehrt, es müßte alles von unten herauf gebaut werden aus dem guten Willen und der reinen Gesinnung des Volkes. In der That, dieses Christusbild ist ebenso ungeschichtlich wie das Renans. Ist Renans Leben Jesu ein Roman, so ist Schenkels Charakterbild Jesu eine Parteischrift, in der die Gegner des Herrn so gezeichnet werden, daß sie den Gegnern Schenkels, d. h. wie er sie sich vorstellt, aufs Haar ähnlich sehen, und in der dem Herrn solche Worte in den Mund gelegt werden, daß man sieht, er streitet unmittelbar für Schenkel und seine Partei.

Es giebt heute eine Geschichtschreibung, die es liebt, die Farben zu den Bildern, die sie entwirft, unmittelbar der Gegenwart zu entlehnen. Man erzählt die Verfassungskämpfe der römischen Republik, als ob man Verfassungskämpfe neuesten Datums erzählte. Es kann scheinen, als ob so die Geschichte der Gegenwart recht nahe gerückt und für dieselbe recht fruchtbar gemacht würde. Ich bin der Ansicht nicht. Es fehlt dieser Geschichtschreibung die Hauptsache, ohne welche die Geschichte der Vergangenheit keine Lehrerin der Gegenwart sein kann, die Wahrheit. Am entschiedensten muß man es aber verwerfen, wenn die heilige Geschichte so behandelt wird.

So steht es um das eine der beiden Prädikate, welche Schenkel für sein Charakterbild in Anspruch nimmt: „wirklich geschichtlich". Sehen wir, wie es um das andere steht: „echt menschlich". Doch da bedarf es zuerst der Frage, was Schenkel darunter versteht? „Echt menschlich" denkt ja die Kirche ihren Christus auch, sie hat zu allen Zeiten eben solches Gewicht darauf gelegt, daß Christus wahrhaftiger Mensch ist, als darauf, daß er wahrhaftiger Gott ist. Gerade diese Lehre von den beiden Naturen in Christo soll aber nach Schenkel etwas völlig Unmögliches aussagen, ein solches Doppelwesen, Gott und Mensch zugleich ganz undenkbar sein. Ist er wahrhaftiger Gott, so kann er nicht wahrhaftiger Mensch sein. Wir merken wohl, „echt menschlich" heißt bei Schenkel „nur menschlich". Darauf läuft denn auch seine Darstellung hinaus, uns Christum als bloßen Menschen zu schildern. Aber obwohl bloßer Mensch, ganz innerhalb der Schranken der menschlichen Natur, wie es Schenkel gern ausdrückt, soll Jesus dann doch das Urbild der Menschheit sein, das Licht der Welt, der Einzige, der das Urbild göttlichen Lebens so vollkommen, wie das innerhalb der Schranken der menschlichen Natur möglich ist, dargestellt hat. Ja, Schenkel nimmt keinen Anstand, ihn den eingebornen Sohn Gottes zu nennen und von seiner Gottheit zu reden, die dann freilich nicht eine Wesensgleichheit mit Gott, sondern eine sittliche Einheit, eine vollkommen sündlose Übereinstimmung seines Willens mit dem Willen des Vaters sein soll.

Es fragt sich, ob beide Behauptungen miteinander zu vereinigen sind? Also bloßer Mensch und doch sündlos? Ist Jesus aber nur ein Mensch gewesen, so ist nicht zu begreifen, wie er, und nur er allein von allen Menschen, vollkommen sündlos gewesen sein soll. Also sein Leben ganz innerhalb der Schranken der menschlichen Natur, und doch soll er der Einzige sein, das Urbild, das Licht der Welt? Ist er aber nur Mensch, so kann er auch nicht der Einzige, nicht das für alle Zeiten gültige Urbild sein. Er mag eine hervorragende Persönlichkeit sein, dem unser Geschlecht großes verdankt, aber immer ist er doch nur einer neben andern, es stehen andere neben ihm, und wenn diese in einzelnen Punkten hinter ihm zurückbleiben, so übertreffen sie ihn auch wieder in andern; er ist dann hineingetreten in den Fluß der Entwickelung unseres Geschlechts und mag immerhin eine große Epoche in derselben bezeichnen, aber nicht den absoluten Gipfel- und Höhenpunkt. Einen solchen kann es dann gar nicht mehr geben. Wir stehen ganz auf dem Boden der Relativität und von irgend jemand sagen, er sei nur Mensch und doch der für alle Zeiten Einzige, das Licht der Welt, das ist ein Widerspruch. Ist es Schenkel damit Ernst, daß in Jesu nichts Übernatürliches sein soll, nichts als eine menschliche Natur, nichts in ihm angelegt, was nicht zur menschlichen Natur überhaupt gehörte, so muß er aufhören, ihn den Einzigen, das Urbild, das Licht der Welt zu nennen. Thut er es dennoch, so sind entweder alle diese hohen Prädikate nicht ernstlich gemeint, oder sein Bild hat nach seinen eigenen Voraussetzungen keinen Anspruch darauf, ein „echt menschliches" zu sein.

Ich bitte Sie, lassen Sie uns den Sachen doch klar und offen ins Gesicht sehen. Alle Zweideutigkeit müsse hier schwinden, wo es sich um den eigentlich entscheidenden Punkt handelt, den Herz- und Mittelpunkt unsers Glaubens. Schenkel sagt einmal, an den rationalistischen Christus könne man eigentlich nicht glauben. Er will also einen Christus, an den man

Gottheit und Menschheit Jesu. 71

glauben kann, und sein Christus soll ohne Zweifel ein solcher sein. Gut denn. Glauben kann man nur an Gott. Das ist ein einfacher Satz, aber ein grundlegender. Ohne ihn festzuhalten hört das Christentum auf monotheistisch zu sein, sinkt unter den Islam auf die Stufe des Heidentums herab. Das ist auch ein Satz, mit dem der alte Rationalismus seiner Zeit ohne Zweideutigkeit und mit einer sittlichen Energie, die man noch heute von ihm lernen könnte, Ernst gemacht hat. Dann aber ergiebt sich ein scharfes Entweder=Oder. Entweder der Christus S ch e n k e l s ist ein bloßer Mensch wie andere Menschen, hervorragend, meinetwegen der hervorragendste aller, aber doch immer nur innerhalb der Schranken der menschlichen Natur, d a n n k a n n , d a n n d a r f man nicht an ihn glauben, dann ist aber auch das Bedürfnis nicht erfüllt, welches S ch e n k e l selbst festhält, einen Christus zu haben, an den man glauben kann. Oder man kann an ihn glauben, dann ist er nicht ein bloßer Mensch, und dann ist die Aufgabe nicht erfüllt, die S ch e n k e l lösen will, uns einen „echt menschlichen" d. h. bloß menschlichen Christus zu geben.

Keiner hat die Widersprüche, in die sich S ch e n k e l verwickelt, schärfer hervorgehoben als S t r a u ß. Mit einer Konsequenz, die nichts zu wünschen übrig läßt, hat er die Halbheit der Stellung S ch e n k e l s aufgedeckt. Ein sündloser Christus ist in seinen Augen ein ebenso großes Wunder wie der von der Jungfrau geborene Gottessohn der Kirche, nur insofern noch undenkbarer, als sich die Kirche überhaupt auf dem Boden des Übernatürlichen und Wunderbaren bewegt, während S ch e n=

kel dieses ablehnt und doch das Wunder eines sünd=
losen Christus stehen lassen will. Mit schneidender
Schärfe deckt er ihm das Ungereimte seiner Sätze auf.
Soll die Vollkommenheit nur eine solche gewesen sein,
wie sie innerhalb der Schranken der menschlichen Natur
möglich ist, so muß eine solche Vollkommenheit an und
für sich allen, die an der menschlichen Natur teil
haben, möglich und, wie das mit den in der menschlichen
Natur angelegten Vollkommenheiten sonst durchaus der
Fall ist, in einigen wenigstens auch wirklich geworden
sein. Wenn die Kirche sagt, die absolute Vollkommenheit
ist nur in Christo möglich, deshalb auch nur in ihm wirk=
lich geworden, so ist das ohne Zweifel ein richtiger Schluß.
Aber mit Schenkel zu sagen, die Vollkommenheit ist zwar
in allen Menschen als möglich angelegt, aber nur in Christo
wirklich geworden, das ist ebenso ungereimt, wie wenn jemand
sagen wollte, diese Vollkommenheit sei nur in Christo mög=
lich, aber doch in mehreren Menschen wirklich geworden.

Von allen solchen Halbheiten findet sich bei Strauß
nichts. Da ist volle Konsequenz, die vor keinem Ergebnis
zurückschreckt, volle Offenheit, die es verschmäht, ihre Ziele
zu verhüllen. Ohne jeden Rückhalt stellt Strauß es
als seine Aufgabe hin, den Wunderwahn wegzuschaffen.
Was eigentlich das Unverlierbare am Christentum ist,
daß es die Menschheit über die sinnliche Religion der
Griechen auf der einen Seite und über die jüdische Ge=
setzesreligion auf der andern Seite hinausgehoben hat,
also nach jener Seite der Glaube, daß eine geistige sitt=
liche Macht die Welt beherrscht, nach dieser Seite die
Einsicht, daß der Dienst dieser Macht nur ein geistiger

und sittlicher sein kann, das Alles, sagt Strauß, ist in dem bisherigen Christentum eigentlich noch nicht zur Geltung gekommen. Selbst der Protestantismus hängt noch an einer Reihe von äußerlichen Handlungen, die nicht besser sind als jüdische Zeremonien. Ursache davon ist der Wunderwahn. So lange das Christentum als etwas von außen Gegebenes, Christus als ein vom Himmel Gekommener, die Kirche als eine Anstalt zur Entsündigung durch sein Blut angesehen wird, so lange ist die Geistesreligion selbst ungeistig, das Christentum jüdisch gefaßt. Diesen Wunderwahn abzuthun ist die Aufgabe der Gegenwart. So allein werden auch die Bemühungen um eine freiere Kirchenverfassung, auf welche Strauß ziemlich geringschätzig herabsieht, zum Ziele kommen. „Wer die Pfaffen aus der Kirche schaffen will, der muß erst das Wunder aus der Religion schaffen."

Damit ist es denn Strauß auch ganzer und voller Ernst. Bei ihm ist keine Spur von Vermittelung mehr zu finden. Jesus ist ein Mensch wie andere, ein hervorragender, welcher der Menschheit große Dienste geleistet hat, indem er zuerst den Gedanken der Geistesreligion ausgesprochen, aber nicht der Einzige, nicht das Urbild. So etwas zu sagen, wie auch Schenkel noch sagt: Jesus ist das Licht der Welt, das ist in Strauß Augen eine unwahre Schmeichelei. Sündlosigkeit, Vollkommenheit darf man ihm natürlich auch nicht beilegen, das gehört alles zu dem Wahne des Übernatürlichen in Jesu. Er hat seine großen Vorzüge, aber auch seine Mängel, er nimmt eine bedeutende Stellung ein in der Geschichte, aber er hat seine Vorgänger gehabt und wird Nachfolger haben.

Ebenso macht Strauß vollen Ernst mit der Behandlung der Quellen. Da wird das Evangelium Johannis nicht bald als ein ungeschichtliches Buch, bald als gute Geschichtsquelle behandelt, da wird nicht hier eine Erzählung aufgenommen, dort die andere verworfen oder gar in derselben Erzählung ein geschichtlicher Kern von der sagenhaften Umhüllung unterschieden. Solche Künste versteht Strauß nicht. Selbst in dem Evangelium, welches er für das ursprünglichste hält, dem Matthäusevangelium, haben wir nur ein bereits durch Zeitferne und allerlei dazwischen liegende Ereignisse getrübtes Medium. Damals mag schon manches verloren gegangen, manches bedeutende Wort, manche Handlung Jesu in Vergessenheit geraten sein, andernteils auch manches hinzugekommen, Worte die er nicht gesprochen, Thaten die er nicht gethan hat, Ereignisse, die nicht vorgefallen sind.

So reichen denn die Quellen nicht hin, um ein irgend sicheres, lebensvolles Bild Jesu zu entwerfen. „Man hört es nicht gern", damit zieht Strauß das Ergebnis aus seinen Untersuchungen, „und glaubt es darum auch nicht, wer sich aber einmal ernstlich mit dem Gegenstande beschäftigt hat und aufrichtig sein will, der weiß es so gut wie wir, daß wir über wenige große Männer der Geschichte so ungenügend unterrichtet sind wie über Jesus." Ohne alle Vergleichung deutlicher ist z. B. die 400 Jahre ältere Gestalt des Sokrates. So ist denn auch, was Strauß als Leben Jesu giebt, im höchsten Maße dürftig. Er weiß von ihm eigentlich nichts, als daß er geboren ist, gelehrt hat und gestorben ist. Was er gelehrt hat, ist sogar nur selten mit Sicherheit auszumachen. Es steht freilich nicht so schlimm, wie auch schon behauptet ist, daß wir von keinem der Aussprüche, welche die Evangelien Jesu in den Mund legen, mit Sicherheit wüßten, daß er denselben wirklich gethan hat. Es giebt deren, die wir mit aller Wahrscheinlichkeit Jesu zuschreiben dürfen, aber sehr weit erstreckt sich diese der Gewißheit nahe kommende Wahrscheinlichkeit nicht, und mit den Thaten und Begebenheiten des Lebens Jesu sieht es, seine Reise nach Jerusalem ausgenommen, noch übler aus. Auf das Einzelne einzugehen werden Sie mir erlassen. Ich könnte doch kaum etwas anderes sagen, als was eben gesagt ist. Auf Details aus dem Leben Jesu müssen wir gänzlich verzichten. So wissen wir z. B. aus der Jugendgeschichte Jesu eigentlich nur, daß er in Nazareth geboren ist, daß sein Vater wahrscheinlich ein Zimmermann war, und dürfen auch in den Namen der Eltern, Joseph und Maria, ein Überbleibsel historischer Kunde vermuten. Ähnlich dürftig sind die späteren Perioden seines Lebens ausgestattet. Selbst solche Thatsachen, wie der feierliche Einzug Jesu in Jerusalem, finden vor Straußischer Kritik keine Gnade. Wir stehen wieder vollständig im Dunkel.

Erkennen wir dabei zunächst einmal die Aufrichtigkeit von Strauß an. Er hat es verschmäht, an die leere Stelle ein selbsterfundenes Gebilde zu setzen, einen Roman-Christus wie Renan oder einen Tendenz-Christus wie Schenkel. Er läßt die Stelle einfach leer. Wir müssen uns dabei beruhigen, daß wir nun einmal nicht wissen, wer Christus gewesen ist. Man wird unwillkürlich an das Wort des Blindgeborenen erinnert (Joh. 9, 30): „Das ist ein wunderlich Ding, daß ihr nicht

wisset, von wannen er sei, und er hat meine
Augen aufgethan". In der That ein wunderlich
Ding. Von diesem Jesus geht eine die Welt umwälzende
Bewegung aus, und doch ist unsere Kenntnis seines Lebens
geringer als z. B. die von Sokrates, von dem zwar auch
ein Einfluß aber doch nur in einem vergleichungsweise
verschwindend kleinen Kreise ausgeübt ist. Ist von Jesu
wirklich eine solche tiefgehende Bewegung ausgegangen,
so muß er doch einen Eindruck auf seine Jünger gemacht
und diesen ein Bild von sich in der Erinnerung zurück=
gelassen haben. Und doch soll nach kaum einem halben
Jahrhundert dieses Bild spurlos verschwunden und ein
ganz anderes, grundfalsches an die Stelle getreten sein?
Aber noch wunderlicher. Dieser Jesus predigt die reine
Geistesreligion, seine Jünger, bei denen, wie Strauß
sich ausdrückt, eine dicke Schicht jüdischer Vorurteile der
reinen Auffassung der Messiasidee entgegenstand, ver=
stehen ihn nicht einmal, setzen etwas ganz anderes an
die Stelle, eine ungeistige, wesentlich noch jüdische Reli=
gion, und doch erobert diese die Welt. Denn die That=
sache wird uns Strauß doch nicht wegstreiten können,
daß nicht sein Christus, sondern der der Evangelien,
nicht sein Christentum, sondern das der Apostel die Welt
erobert und bis jetzt beherrscht hat. Also sind doch in
Wahrheit die Jünger oder, wer sonst das Christusbild
der Evangelien geschaffen hat, die Urheber des Christen=
tums, wenn auch nicht des Straußischen wahren, doch
des welterobernden und weltbeherrschenden Christentums.
Wie sind denn die Jünger zu diesem Christus gekommen?
Ganz einfach durch den Schluß von den Weissagungen

Die Unerklärlichkeit des Christentums.

des alten Testaments auf die Erfüllung in Jesu, durch den immer wiederkehrenden Schluß: Dieses oder das ist von dem Messias geweissagt, wird von ihm erwartet, folglich muß er es auch gethan, geredet, gelitten haben. Das heißt doch nach dem Ausdruck Lessings die Welt an den Faden eines Spinngewebes aufhängen. Man frage nur einfach weiter: Wie sind die Jünger zu diesem Schlusse gekommen? Es muß doch irgend etwas dagewesen sein, was sie zu diesem Schlusse bewog; sie können diesen folgenschweren Schluß doch nicht aus der Luft gegriffen haben. Ist Jesus nicht mehr gewesen, hat er nicht mehr gethan, als Strauß zugiebt, keinen größern Eindruck gemacht, so ist dieser Schluß eine reine Unmöglichkeit.

Strauß lehnt einmal die Forderung, die ich in meinem ersten Vortrage aufstellte, wer die übernatürliche Entstehung des Christentums leugne, müsse zuvor die natürliche nachweisen, damit ab, daß er sagt, man dürfe diesen Nachweis nicht fordern, weil dazu nun einmal die vorhandenen Quellen nicht ausreichten. Gut, dann wollen wir unsere Forderung dahin modifizieren, daß man uns wenigstens nicht rein unmögliche und in sich selbst widersprechende Dinge als Geschichte hinzunehmen zumuten darf, wie diese, daß die in jüdischen Vorurteilen befangenen Jünger ein solches Christusbild geschaffen haben sollen und, daß die welterobernde Bewegung, die von dem Christentum ausgegangen ist, im letzten Grunde auf einem derartigen Schlusse von der Weissagung auf die Erfüllung ruht.

Wie doch in jedem dieser selbst gemachten Christusbilder sich das Bild dessen spiegelt, der es gemacht hat, zum deutlichen Zeichen, daß es eben nur sein Gemächte ist: in Renans Christus das Bild des leichten, geistreichen, zu Zeiten liebenswürdigen, zu Zeiten frivolen Franzosen, in Schenkels Christus das Bild des kirchlichen Agitators und in Strauß Christus das Bild des doktrinären Gelehrten, der die ganze Welt auf eine Schlußfolgerung erbaut!

Alle diese Dinge sind freilich im wesentlichen dieselben, die Strauß schon 30 Jahre früher entdeckt und der Welt geboten hat. Sein Standpunkt ist derselbe geblieben und sein Buch im Grunde nur eine neue Auflage des früheren Werks.

Kaum wird man über Schenkels Buch anders urteilen können. In ihm ist der alte Rationalismus wieder auferstanden. Eben daher erklärt sich auch, daß Strauß gerade gegen Schenkel so heftig zu Felde zieht. Es ist sein alter Gegner, der Rationalismus, den er in ihm bekämpft. Bei keinem Theologen der neueren Zeit finden sich so viele Züge desselben wieder wie bei Schenkel. Da ist dieselbe Lehre von der Akkommodation des Herrn, dieselbe natürliche Wundererklärung. In der Behandlung z. B. des Wunders auf der Hochzeit zu Kana oder des Speisungswunders ist zwischen ihm und dem alten Heidelberger Paulus kaum noch ein Unterschied. Das Ergebnis ist denn auch im wesentlichen dasselbe: Jesus ist ein weiser Lehrer, der uns von dem Joche der Satzung erlöst hat. Nur ist hie und da ein neuer Lappen auf das alte Kleid gesetzt, und dem Ganzen eine etwas andere der Gegenwart mehr entsprechende Färbung gegeben. Zu dieser Färbung gehört wohl auch eine Menge orthodox klingender Redensarten, die aber ganz anders verstanden sein wollen. Schenkel redet von Wundern, meint aber eine Naturgabe, von der Gottheit Christi, meint aber nur sittliche Übereinstimmung mit Gott, von einer Sühne für die Sünde der Welt, meint aber nur, daß den Menschen die Erkenntnis aufgegangen sei, Gott werde nicht nach dem Buchstaben richten, von Erlösung, meint aber nur Erlösung von der Satzung. Streift man das alles ab, führt man die Worte auf ihre wahre Bedeutung zurück, so ist der Schenkelsche Christus doch in allen Grundzügen der altrationalistische.

Darin liegt der Grund, weshalb das „Charakterbild" wohl für den Augenblick zu einem vielgelesenen und viel besprochenen Buche werden und einen weitgehenden Einfluß ausüben konnte, aber nicht auf längere Zeit. Es entsprach einer in unserm Volk noch weit verbreiteten Richtung, war aber im Grunde doch nur ein Versuch, längst abgelebte Anschauungen wieder zu beleben. Aber einen Toten macht man nicht wieder lebendig, wenn man ihn auch mit noch so vielem Flitter behängt und mit großem Wortschwall auf die Bühne schiebt. Das Buch war eine Halbheit durch und durch und konnte als solches dem Schicksal nicht entgehen, bald vergessen zu werden, so hoch es auch bei seinem Erscheinen in weiten Kreisen gerühmt wurde. Noch weniger konnte sich die Wissenschaft damit begnügen. Sie forderte gründlichere Arbeit. Wie denn auf diesem Gebiete fortgearbeitet ist und welche Ergebnisse die Arbeit gehabt hat, davon denke ich in meinem nächsten Vortrage Ihnen weiter zu berichten.

III.

Die neueren Bearbeitungen des Lebens Jesu.

Mit Renan, Schenkel und Strauß konnte die „Leben-Jesu-Bewegung", wie sie Nippold genannt hat, nicht abschließen. Dazu waren die Ergebnisse doch zu unbefriedigend. Der Ernst deutscher Wissenschaft konnte sich weder bei Renans Frivolität noch bei Schenkels Oberflächlichkeit beruhigen, und Strauß war doch auch in der letzten Bearbeitung über die lediglich negativen Resultate seines früheren Werkes nicht hinausgekommen. Man mußte doch wissen, was man von Strauß nicht erfährt, wer dieser Jesus, der einen solchen bis auf den heutigen Tag reichenden Einfluß auf das geistige Leben der Menschheit ausgeübt hat, eigentlich gewesen ist. Da unternahm es Keim, die „Geschichte Jesu von Nazara (diese Form des Namens hielt Keim für richtiger als die gebräuchliche Nazareth) in ihrer Verkettung mit dem Gesamtleben seines Volkes" mit dem ganzen Ernste historischer Forschung und auch mit dem ganzen dazu nötigen gelehrten Rüstzeug „frei zu untersuchen" und „ausführlich zu erzählen", um damit zugleich einer Forderung der Geschichtswissenschaft, die nach einer echt geschichtlichen Biographie Jesu verlangt, und der Kirche

genugzuthun, die einen wahrheitsgetreuen Bericht über
das ursprüngliche und thatsächliche Wesen ihres Stifters
haben will. Dazu, meint er, sei jetzt die Zeit gekommen.
Eine solche Geschichte sei möglich, denn die Wissenschaft
verbitte sich nicht mehr den erhabenen Jesus als schöpfe=
rische Persönlichkeit und die Kirche nicht mehr den mensch=
lichen Jesus, ja der menschliche Jesus sei geradezu das
Losungswort der Zeit geworden, dem selbst die streng=
sten Vertreter des Gottessohnes sich zu fügen beginnen.
Wir haben damit sozusagen das Programm des
Keimschen Werkes vor uns. Auf der einen Seite
wird Jesus hoch über alle anderen Menschen erhoben.
Es ist „Thatsache, daß keiner in der Menschheit groß
gewachsen ist, in dessen Person sich Ideal und Wirklich=
keit so begrüßt, berührt, geküßt hat, wie in den Gesichts=
zügen dessen, den der ahnungsvolle tiefe Blick alten und
neuen Glaubens als das leibhaftige Ideal jubelnd be=
willkommt, dem das schärfste Operationsinstrument dieser
qualvoll verständigen, mißtrauischen Neuzeit keinen ernst=
lichen Schatten abgewinnt". Keim weiß sich der An=
erkennung nicht zu entziehen, „daß in der Person Jesu eine
höhere menschliche Organisation durch das schöpferische
Wirken Gottes ins Dasein getreten ist", er redet von
„einer Neuschöpfung in der Menschheit", von „Vollen=
dung, Entsinnlichung, Vergeistigung, Vergottung des
göttlichen Ebenbildes". „Wir würden der Größe Jesu
immer noch nicht gerecht, wenn wir das schöpferische
Handeln Gottes in seiner Person nicht seiner Energie
und insofern schließlich auch seinem Wesen nach von
jedem andern schöpferischen Handeln Gottes unterscheiden,

insofern als ein einzigartiges spezifisches setzen würden. Alles was man sonst etwa als eine That Gottes innerhalb der Menschheitsreihe begreifen mag, bewegt sich doch immer wieder in Maßen des Mehr und Minder, in Mischungen des Vollkommenen und der Blöße, der Stärke und der Schwachheit, des Überragenden und des Überschreitbaren; es sind Gottesfunken hineingeworfen in die dunkle irdische Gestaltung, Tropfen göttlichen Lebens im breiten und trüben Menschheitsstrom, keine göttliche Lichtwelt, kein göttliches Lebensmeer. Hier aber ist die göttliche Energie, sagen wir besser die göttliche Selbstmitteilung, eine ungebrochene, mächtige, durchbrechende; es ist ein ganzes, volles, tabelloses Leben, nirgends Stückwerk, nirgends Mischung des Hohen und Niedrigen, eine göttliche Schöpfung aus ganzer Kraft, aus ganzer Liebe, weil es die Mündung der Schöpfung im Schöpfer, weil es das selige Ausruhen Gottes in seiner Schöpfung gilt." Ja, Keim redet (allerdings, wie er sagt, in Bildersprache) von einem „Kommen des wesenhaften Gottes zu den Menschen". Andererseits soll aber dieser „erhabene" Jesus doch wieder ein „rein menschlicher" sein. Alles Übermenschliche, alles im eigentlichen Sinn Wunderbare wird abgestreift. Weder sind an ihm Wunder geschehen, Eingang und Ausgang seines Lebens sind ganz natürlich, noch hat er Wunder gethan. Nur die Heilwunder läßt Keim stehen, soweit sie sich aus dem Eindruck der Persönlichkeit Jesu einerseits und dem Glauben der Menschen andererseits erklären.

Sie sehen, das Bild entspricht dem Programm, Jesum als den über alle Menschen „Erhabenen" und

Überblick über das Leben Jesu nach Keim. 83

doch echt geschichtlich als den rein „Menschlichen" zu zeichnen. Aber ergiebt sich so ein einheitliches und in dieser Einheit wirklich geschichtliches, den Quellen entsprechendes Bild? ist es Keim gelungen, beides zu vereinigen? Er hat alle Kraft daran gesetzt, diese Aufgabe zu lösen. Suchen wir zu beurteilen, ob es ihm gelungen ist. Sie müssen mir zu dem Zwecke gestatten, Ihnen einen gedrängten Überblick über das Leben Jesu zu geben, wie es sich nach Keim gestaltet.

In Nazareth als Sohn des Zimmermanns Joseph und der Maria, einfacher aber aus dem Davidischen Hause stammender Leute, geboren (die Kindheitsgeschichte und die Geburt in Bethlehem betrachtet Keim als Sage), wächst Jesus in einem frommen israelitischen Hause auf und wird als jüdisches Kind im alten Testament unterrichtet, liest und studiert dabei aber auch von früh auf fleißig in dem großen Buche der Natur. Äußerlich folgt er dem Beruf des Vaters, aber schon gährt in ihm ein neues höheres religiöses Leben, das er aber noch in seinem Herzen verschließt. Erst das Auftreten des Täufers Johannes giebt ihm das Zeichen zur öffentlichen Wirksamkeit. Am Jordan bei Gelegenheit der Taufe durch Johannes kommt es zur Entscheidung, er gewinnt die Sicherheit seines Berufes, die Gewißheit, daß er der gottgesandte Messias ist, und in der Zurückgezogenheit der Wüste durch eine schwere Versuchung hindurch das klare Bewußtsein von seiner Aufgabe und von dem Wege, den er einschlagen muß. Die Gefangennahme des Täufers wird ihm zum Zeichen, daß seine Stunde gekommen ist; unmittelbar nachher tritt er in Galiläa öffentlich als Lehrer auf. Es war im Frühling des Jahres 24, und einen echten Frühlingscharakter trägt auch die erste Wirksamkeit Jesu. Er kam mit dem vollen ungebrochenen Glauben an seinen Beruf und an sein Volk, und ein kindlicher echt galiläischer Glaube kam ihm entgegen. Seine Predigt knüpft an die des Täufers an: Das Himmelreich ist nahe herbeigekommen. Wohl wurzelt sie überall im alten Testament, aber das Reich Gottes, das Jesus am liebsten als das Himmelreich bezeichnet, ist doch etwas anders als das Reich Gottes im alten Testament und bei dem Täufer. Während dort der Gedanke an das Regieren Gottes überwiegt, fällt bei Jesus der Blick vor allem auf die Güter, die Reichtümer, die Seligkeiten, welche die gefundene Perle, der gefundene Schatz des Gottesreiches den Menschen in den Schoß schüttet. Dieses Himmelreich ist aber zugleich ein Erdreich, vom Himmel kommt es, auf Erden wird es verwirklicht. Ein in irdische Sinnlichkeit gekleidetes Gottesreich hat Jesus nicht ausgeschlossen. Insofern steht er mit seinem Glauben doch nur in der Zeit; in der Hauptsache ist er aber über seine Zeit hinausgeschritten. Ihm ist das Sinnliche nur Anhang, Zugabe, ein Ergänzungszusatz zum geistigen Gottesreich, den niemand erstreben, niemand erraffen soll, weil er von selbst kommt, von Gott kommt denen, die das geistige Gottesreich gesucht haben. Das Wesentliche gegenüber dem Nebensächlichen, der Kern gegenüber der Zugabe, das Erstrebenswerte gegenüber dem sorglos, leidenschaftslos zu Erwartenden ist für Jesus das geistige Reich Gottes, das geistige Gut vom Himmel her. Niemals hat er einen Versuch gemacht,

das irdische Reich persönlich oder gar mit Schwertes=
gewalt aufzurichten; statt der Aufrichtung dieses Erd=
reichs hat er seinen persönlichen Beruf ganz und gar
in der Pflanzung der geistigen Gesinnungen und Tugen=
den gesucht, welche die Ankunft des Erdreichs herbei=
führen. Das unendliche geistige Gut des Himmelreichs
ist ihm die Vaterschaft Gottes, die Kindschaft der Men=
schen. Der Vater= und Kindesname ist die neue Sonne
am Himmel der Menschheit, das ahnungsreiche weiche
Frühlingswehen im Frühlingswerke Jesu. Das Himmel=
reich verkündet er als ein zukünftiges und doch nahes,
es ist nahe in ihm, er weiß sich als berufen das Himmel=
reich zu bringen, als der gottgesandte Messias. Der Weg
ins Himmelreich ist die Buße d. h. die Sinnesänderung,
aus der sich die Leistung der Gerechtigkeit entwickelt, aber
diese Gerechtigkeit, die er fordert, ist nicht eine äußer=
liche, sondern die allseitige Richtung der Kreatur auf
den Schöpfer, der volle Anschluß an den Vater, die Nach=
ahmung Gottes, die Wiederholung seiner innern Gut=
heit im Maße der Menschenkraft. Der wahre Gottes=
dienst ist Nächstendienst, weil Gottes Handeln selbst der
Dienst der Kreaturen und der Menschen ist.

Die Predigt ist für Keim die Hauptsache in der
Wirksamkeit Jesu, die Thaten stehen daneben erst in
zweiter Linie. Zwar Jesus hat Wunder gethan, das
läßt sich den geschichtlichen Zeugnissen gegenüber nicht
leugnen, aber nur Heilwunder der schon vorhin beschriebenen
Art. Auch diese Wunder gehen weniger von ihm aus, als
daß sie ihm viel mehr von den Hülfesuchenden aufgedrängt
werden. Er geht nicht darauf aus, Thaten zu thun, er

sucht seinen Beruf in der Predigt. Aber die Thatsachen haben ihn oft weiter getrieben, Keim will nicht gerade sagen auf eine falsche Bahn, aber giebt doch zu verstehen, auf eine Bahn, die seinem eigentlichen Beruf ferne lag. Das Vertrauen der Menschen eilte gewohnheitsmäßig und instinktiv auf den neuen Lehrer zu, und es ist ja der echt geschichtliche Jesus, der dann mitleidig gegen die Not der Menschen, unwillig über die Macht des Bösen in der Welt seine Thaten thut. Erst die Sage hat dann diese Thaten vermehrt und vergrößert, indem sie Worte Jesu in Thaten umsetzte (so z. B. die Totenerweckungen), Neues hinzudichtete, und schon die älteren Evangelien bauten die lange Reihe von Wunderthaten auf, die ihnen der größte Beweis für die Göttlichkeit und Messianität Jesu zu sein schien, während sie daneben die Äußerungen Jesu nicht verschweigen, in denen er selbst den Wert der Wunder und des Wunderglaubens beschränkt oder leugnet.

Der „Galiläische Frühling" hat nur ungefähr vier Monate gedauert. Von allen Seiten strömt ihm das Volk zu in leicht erregter Begeisterung. Aber bald zeigt sich auch Feindschaft. Sie geht aus von den Schriftgelehrten und Pharisäern. Zwar tritt Jesus anfangs gegen sie sehr mild auf, nicht aus Klugheit, sondern weil er das ganze Volk gewinnen möchte. Aber die ersten Konflikte zeigen sich schon früh und steigern sich fort und fort. Der Verkehr mit den Zöllnern, die Nichtachtung des Sabbaths, das Fehlen der Mirakel bringen Jesum in immer unverhüllteren Gegensatz zu ihnen als den Vertretern des Gesetzes. Dagegen steigert sich auch die

Gewißheit seines Selbstbewußtseins, offen tritt er jetzt als Messias auf, in seinen Jüngern sammelt er sich eine Schar von Schülern, die er als seine Apostel aussendet; schon gehen seine Gedanken in die Heidenwelt, er redet schärfer gegen die Pharisäer und entfaltet noch einmal seine ganze Kraft in Galiläa. Da entschließen sich die Pharisäer und Schriftgelehrten zu entscheidenden Schritten. Der erste Stoß ist die Hinrichtung des Täufers; gleichzeitig wird Herodes Antipas auf ihn aufmerksam, und Keim vermutet ein Intriguenspiel zwischen Herodes und den Pharisäern. Zwar zu einer Gewaltthat ist der ängstliche Fürst nicht zu bewegen, aber es gelingt doch, Jesum aus Galiläa zu verdrängen. Seine Wanderungen nach Bethsaida=Julias, nach Gadara, in das Gebiet von Tyrus, nach Cäsarea Philippi sind „Fluchtwege". Auf diesen Fluchtwegen reift nun der große Entschluß, der seinem Leben eine andere Wendung giebt. Das Petrusbekenntnis und die sich unmittelbar daran schließende erste Leidensverkündigung bezeichnen den Wendepunkt. Es wurde ihm klar, seine galiläische Wirksamkeit war vorüber, sie war nicht vollendet, sie war durchkreuzt, gescheitert. Der Wink Gottes stand ihm fest, auch der Weg, den er zu gehen hatte, war ihm klar. Den Weg als Lehrer des Himmelreichs konnte er nicht mehr gehen, der führte zu langsam weiter, der war jetzt aussichtslos gegenüber den Gewaltschritten seiner Gegner. Seine einzige Aussicht war jetzt noch Johanneische Offenheit und Rücksichtslosigkeit. Sein Weg geht jetzt nach Jerusalem, dort mußte er sich offen als Messias zeigen, das in den nächsten Wochen zum Osterfeste dort versammelte

Volk in Bewegung bringen, um so in Jerusalem mit einemmale zu gewinnen, was in Galiläa langsam er= kämpft und doch zuletzt verloren war. Über den Erfolg stritten zwei Ahnungen in seiner Seele, aber wahrschein= licher fand er doch, daß er seinen Feinden unterliegen werde und die Rettung seiner Ehre, seiner Person, seines Reiches Gott überlassen müsse. Die Unsicherheit lähmte seine Entschlüsse nicht. Offen provoziert er jetzt das Messiasbekenntnis seiner Jünger und schließt daran sofort die Verkündigung seines Leidens und Sterbens an. Sein Werk, das war ihm trotzdem gewiß, wird darum nicht untergehen. Zwar an eine Auferstehung hat er nicht gedacht, auch nicht davon geredet. Er denkt vielmehr an seine Aufnahme in den Himmel und an seine Wiederkunft von da zur Vollendung seines Reiches.

So schließt er seine Galiläische Wirksamkeit ab und tritt die Reise nach Jerusalem durch das Ostjordanland an. In Judäa angekommen tritt er offen als Messias auf, hält seinen messianischen Einzug und reinigt als Messias den Tempel. Der Kampf auf Leben und Tod hat damit begonnen, aber sein erster Sieg ist doch nur der erste Schritt zur Niederlage. Das Volk gewinnt er nicht; er ist in Jerusalem mehr respektiert als geliebt. Rücksichtslos führt er jetzt den Krieg gegen die Schrift= gelehrten und Pharisäer in seinen Streitgesprächen mit ihnen, geht zuletzt selbst zur Offensive über und endet mit seinen Weherufen. Noch wagen seine Feinde keine Gewaltthat, erst das Anerbieten des Verräters giebt den Ausschlag. Obwohl entschlossen zu sterben, geht der Herr von einer Betrachtungsweise seines Todes zur andern über in „ruhelosem Ringen nach Licht", in „hastigem fieberhaftem Tasten", bis er in den Gedanken zur Ruhe kommt, denen er bei der Einsetzung des heiligen Abendmahls Ausdruck giebt, daß sein Tod ein Opfer zur Sühnung und zur neuen Bundesstiftung mit Gott ist. Das war freilich eher „ein Rückfall in verlebte und lediglich im damaligen Auflösungsprozeß des Judentums und Heidentums wiederauflebende Anschauungswelten als eine Bahnbrechung höherer und höchster Wahrheit". Insofern steht der Entschluß Jesu, sich selbst zu opfern, „nicht auf der Höhe seiner und der prophetischen Erkenntnisse", aber die That seines Leidens, in der er mit der Glut reiner, selbstvergessener Liebe das Heil seiner Brüder suchte, die That, welche vom ganzen heiligen Ernst, von all jener Tapferkeit und Liebe des Menschensohnes, von dem Glauben an die Liebe des Vaters, von all den Frühlingsgedanken Galiläas begleitet ist, giebt seinem Vorsatz seinen sittlichen Wert und fesselt noch heute die Menschheit an das Kreuz ihres wehmütigen Freundes, ihres starken Vertreters und Ehrenschirmers.

Noch vor dem Tode Jesu flohen die Jünger nach Galiläa, und hier (nicht in Jerusalem) offenbarte sich Jesus ihnen als der Gestorbene und Wiederlebende, als der wenn nicht Auferstandene, so doch vielmehr himmlisch Verherrlichte, indem er ihnen Gesichte gab, Visionen, die jedoch nicht bloß subjektiv, sondern objektiv als von dem Herrn selbst in ihnen gewirkt, Wirklichkeit haben. Dieses „Telegramm vom Himmel", wie Keim es nennt, war nach der beispiellosen und im Kindesalter der Menschheit überführenden Vernichtung nötig. Ohne den lebenden

III. Die neueren Bearbeitungen des Lebens Jesu.

Jesus wäre nach allen Zeichen der Messiasglaube wieder erloschen und in der Rückkehr der Apostel zur Synagoge, zum Judentum auch das Gold der Worte Jesu im Staube der Vergessenheit begraben worden. Der Größte der Menschen wäre spurlos vorübergegangen. Auch die heutige Christenheit dankt diesem Lebenszeichen zuerst den Herrn und dann sich selber.

Kehren wir nun zu der vorhin aufgeworfenen Frage zurück, ob es Keim gelungen ist, eine Geschichte Jesu zu geben, die beiden, den Anforderungen der Geschichtswissenschaft und der Kirche genügt, ihn darzustellen als die „spezifische Offenbarung Gottes", als den wirklichen Stifter des Christentums, dieser „Krone der Schöpfungen Gottes", als den „Erwählten Gottes, das Abbild und den Liebling, den Werkführer und Weltbildner Gottes und der Menschheitsgeschichte", ihn als „die Ruhe und das Triebrad der Weltgeschichte", denen, die nach Wahrheit suchen, darzustellen und begreiflich zu machen? Meinerseits kann ich diese Frage nur mit Nein! beantworten.

Zunächst ist das Bild, welches Keim von Jesus entwirft, kein einheitliches, es haftet ihm ein innerlich zerstörender und auflösender Widerspruch an, den die große rhetorische Kunst Keims, seine lebendige und begeisterte Schilderung wohl hie und da verdecken aber nicht wegschaffen kann. Erinnern wir uns der großen Aussagen über die Persönlichkeit Jesu, die ihn als den über alle Menschen erhabenen, den Vollkommenen, in dem Ideal und Wirklichkeit eins geworden ist, hinstellen. Aber wie viel bröckelt davon im Laufe der Geschichtserzählung wieder ab. Nicht einmal die Sündlosigkeit bleibt be-

stehen oder wird doch mit solchen Einschränkungen um=
geben, daß sie kaum noch den Namen verdient. Auch
Jesus hat der Menschlichkeit seinen Tribut gezahlt. Der
Kern seiner Wirksamkeit ist die Messiasidee, aber gerade
diese Idee ist nur eine zeitgeschichtliche, die eigentlich keine
Wahrheit hat, und Jesus fällt zuletzt doch als Opfer
dieser Idee. Wie verschieden tritt uns das Bild Jesu
während des „Galiläischen Frühlings" und dann wieder
während seines Aufenthalts in Jerusalem entgegen. Dort
und hier ist er gar nicht derselbe, dort ist alles Licht,
hier verfinstert sich seine Gestalt, sie bekommt etwas „zelo=
tisches", wie es namentlich in der Tempelreinigung her=
vortritt. Er macht Mißgriffe und führt damit selbst die
Katastrophe seines Todes herbei; er schwankt dem Tode
gegenüber haltlos hin und her und findet zuletzt nur
Ruhe, indem er in eine überlebte Vorstellung zurückfällt.
Keim weiß ihn nur als Lehrer darzustellen und kann
nicht genug seine „goldnen Worte" rühmen. Neben der
Lehrthätigkeit ist alles andere nur sekundärer Natur.
Aber gerade auf diesem Gebiete als Lehrer ist seine
Thätigkeit erfolglos. In Galiläa scheitert er, in Judäa
weiß er die Liebe des Volkes nicht zu gewinnen, und
selbst seine nächsten Jünger vermag er nicht so weit an
sich zu fesseln, daß sie nach seinem Tode standhielten.
Erst das „Telegramm vom Himmel" befestigte sie wieder,
ohne dieses wären sie ins Judentum zurückgefallen. Ist
denn das noch der „erhabene Jesus", den Keim mit so
vielen und großen Worten feiert?

Das Bild ist ferner nicht das der Evangelien, auch
nicht das, welches Paulus vor Augen steht. Scheinbar

wird es aus den Quellen genommen, aber nur durch eine völlig willkürliche Quellenbenutzung. Daß das vierte Evangelium als ungeschichtliche Dichtung beiseite geschoben wird, davon will ich nicht reden, wir werden diese Frage später behandeln müssen, aber auch die Verwertung der Synoptiker ist eine ganz willkürliche. Matthäus wird einseitig bevorzugt, aber freilich nur so weit, als Keim meint ihm seine Gedanken entnehmen zu können; wo das nicht geht, wird auch er beiseite gestellt. Was die Evangelien von den Thaten des Herrn erzählen, wird in großem Umfange als sagenhaft abgethan, und hier zeigt Keim eine Strauß fast noch übertreffende Kunst, die Wundererzählungen als Mißverständnisse ganz anderer Vorgänge, als sinnliche Verkörperungen von Worten Jesu zu erklären oder aus alttestamentlichen Vorbildern abzuleiten. Der Fischzug Petri ist aus dem Wort von den Menschenfischern entstanden, die Geschichte vom Wandeln Jesu auf dem Meere aus dem Wort: „man weiß nicht in welcher Nachtwache der Herr kommt"; die dem Täufer auf Grund der Jesajastelle gegebene Antwort: „die Blinden sehen, die Lahmen gehen, die Aussätzigen werden rein, die Toten stehen auf", ist in den entsprechenden Geschichten handgreiflich illustriert. Und doch reicht die Kunst oft nicht aus. Wie muß sich Keim drehen und winden gegenüber der Geschichte von dem Hauptmann in Kapernaum. Als erfunden kann er die Geschichte nicht ansehen, sie ist „echte unerfindbare Erinnerung." Die sonst gegebene Erklärung der Krankenheilungen reicht nicht aus, da es sich um eine Heilung in die Ferne handelt. Ein eigentliches Wunder kann

Keim nicht anerkennen, und so kommt er zuletzt darauf hinaus, zu sagen, Jesus habe „nicht unmittelbar einen Befehl, sondern lediglich eine solche Bejahung ausgesprochen, welche zwischen einem durch Gott und durch den Glauben des Hauses bedingten Segenswunsch und einer wirksamen Handlung in der Mitte stand", eine Erklärung, von der ich offen gestanden nur so viel verstehe, daß sie das Zugeständnis enthält, es muß doch mehr von Wunderwirksamkeit vorgekommen sein, als Keim sonst zugiebt. Während Keim so, was die Evangelisten wirklich erzählen, beiseite schiebt, liest er umgekehrt vieles aus ihnen heraus, was sie nicht sagen. Gerade über das was er darzustellen versucht, über das Werden der Gedanken Jesu, über die innere Entwicklung des Lebensganges Jesu, geben sie keine Auskunft. Aber „die Geschichte", sagt Keim, „muß die Quellen zwingen, ihr den handelnden Christus, eine wirkliche Geschichte Jesu zu erzählen." Und er hat sie gezwungen. Nehmen wir nur z. B. die Hauptwendung im Leben Jesu bei Cäsarea Philippi, wie sie Keim darstellt. Daß der Tod des Täufers ein Schlag der Feinde Jesu gegen ihn ist, sagt keine Quelle, daß dieser Tod auf Jesum solchen Eindruck gemacht, ihn aus Galiläa verdrängt hat, daß überhaupt seine Galiläische Wirksamkeit völlig gescheitert ist, daß seine Wanderungen „Fluchtwege" sind, das alles steht nicht in den Evangelien. Das ganze Bild ist nicht den Evangelien entnommen, sondern künstlich nach den eigenen Gedanken Keims von Jesu konstruiert und dann in die Evangelien hineingelesen.

Endlich die Entstehung des Christentums und der

Kirche bleibt unerklärt und unerklärlich, wenn Jesus nicht mehr war, als Keim aus ihm macht. Die Apostel haben einen andern Christus verkündet. Bei ihnen fällt das Hauptgewicht auf die Thaten Jesu, durch die er sich als den Messias, als den Christ erwiesen, und vor allem auf seinen Tod und seine Auferstehung als den Grundthatsachen der Erlösung. Er ist ihnen zwar auch ein Lehrer, aber seine Lehre ist doch nur ein Teil seines Erlösungswerkes. Er hat der Welt mehr hinterlassen als einige „goldene Worte". Bei Keim dagegen treten die Thaten Jesu ganz zurück, die ganze Wunderthätigkeit verdünnt sich zu einigen natürlich erklärbaren Wunderheilungen, wie sie auch sonst vorkommen können und thatsächlich vorkommen, die Messianität ist nur eine Zeitidee, sein Tod Folge seiner eigenen Mißgriffe, der Gedanke an die sühnende Bedeutung desselben nur ein Rückfall in verlebte Vorstellungen, die Auferstehung ein Irrtum der Jünger, die das „Telegramm vom Himmel" in sofern mißverstanden, als sie daraus auf eine Auferstehung aus dem Grabe schlossen. Und doch gründet sich eben darauf die Kirche. Im Grunde kommt es darauf hinaus, daß die Jünger den Herrn gar nicht verstanden haben, daß die Kirche sich erbaut nicht auf dem, was Jesus wirklich war, sondern auf dem, was die Jünger irriger Weise aus ihm gemacht haben. Das ist aber völlig undenkbar. Das Bestehen der Kirche fordert unbedingt einen andern Jesus, als den uns Keim darstellt. Seine Darstellung ist ungeschichtlich. Keim selbst hat, wenn ich recht sehe, davon eine Ahnung. Deshalb die stark rhetorische Ausmalung, die aus dem Bedürfnis entspringt, doch mehr an diesem Jesus zu haben, und der plötzliche Rückfall in die Wundervorstellung. Denn was Keim an die Stelle der Auferstehung setzt, ist doch auch nichts anderes als ein Wunder. Er gesteht damit indirekt selbst zu, daß die Entstehung der Kirche ohne Wunder auf bloß empirischem Wege nicht zu erklären ist, daß es dazu eines Wunders, einer über alle sonstige Erfahrung hinausgehenden That Gottes bedurfte. Keims Christus ist doch zuletzt auch wieder nur der etwas herausgeputzte rationalistische Christus, der große Prophet von Nazareth, der Lehrer, nicht der Heiland und Erlöser. Wenn auch vorsichtiger gehalten, fehlen doch die natürlichen Wundererklärungen nicht ganz. Keim hält es wenigstens für möglich, daß sich die Erweckung der Tochter des Jairus als Erweckung aus einer lethargischen Ohnmacht durch die belebende Handanfassung Jesu, die wunderbare Speisung als eine gegenseitige Mitteilung der Vorräte erklären läßt. Eigentliche Akkommodationen, mit denen der alte Rationalismus so viel arbeitet, nimmt Keim zwar nicht an, aber die Messianität, der Glaube an seine Wiederkunft sind doch Zeitideen ohne eigentliche Wahrheit, mit deren Annahme Jesus sich als ein Kind seiner Zeit erwies. Die Schilderung seines Todes, wie der „weichmütige Freund der Menschheit" stirbt, indem noch einmal die Frühlingsgedanken Galiläas durch seine Seele ziehen, erinnern doch sehr an ähnliche Schilderungen der rationalistischen Zeit, und charakteristisch ist es auch, daß das einzige wirkliche Wunder, welches Keim anerkennt, das „Telegramm vom Himmel", lediglich die Bedeutung hat, die Jünger von der Wahrheit seiner Lehre zu überzeugen, damit seine „goldenen Worte" nicht verloren gehen. So wenig der rationalistische Christus ausreicht, um die Stiftung des Christentums und der Kirche zu verstehen, so wenig auch der Keims. Jesu Leben ist jetzt begreiflich geworden, es ist nichts darin, was sich nicht nach den allgemein geltenden Gesetzen begreifen ließe, aber um so unbegreiflicher ist nun, wie dieser geschichtliche Jesus zum Christus der Apostel werden konnte und der Ausgangspunkt für die Geschichte der christlichen Kirche.

Keims Leben Jesu ist nicht bloß die ausführlichste, es ist auch die letzte Gesamtdarstellung des Lebens Jesu, welche die kritische Theologie gebracht hat. In gewissem Sinne kann man sagen, daß mit ihm die Leben-Jesu-Bewegung, die mit Strauß begann, abschließt. Zwar ist auf diesem Gebiete noch fort und fort gearbeitet. Die Frage nach der Entstehung der Evangelien und ihrem Verhältnis zu einander ist immer von neuem hin und her gewälzt, die Schriften über das vierte Evangelium bilden nachgerade eine ganze Bibliothek, das Selbstbewußtsein Jesu, seine Messianität, die Auferstehung haben Anlaß zu zahlreichen Untersuchungen geboten. Der Versuch, eine Gesamtdarstellung des Lebens Jesu zu geben, ist von dieser Seite nicht wieder aufgenommen.[1]) Das Material, welches die Kritik übrig gelassen hat, ist auch zu dürftig, um daraus ein lebendiges und inhaltsvolles Bild Jesu zu gewinnen, und das Spiel, die Lücken mit zeitgeschichtlichen Bildern auszufüllen, das Fehlende durch Hypothesen und aus der eigenen Phantasie heraus zu ergänzen, hat sich doch als zu unfruchtbar erwiesen. Die populären Darstellungen sind auch über Keim nicht hinaus gekommen. In Schwalb ist die Frivolität Renans in abstoßender Weise wieder aufgelebt, und das Bild, welches Ziegler in dem viel besprochenen Vortrage über den historischen Christus von dem Herrn entwirft, ist noch dürftiger als das, welches Keim giebt.

Auf die vom positiven kirchlichen Standpunkte aus unternommenen Arbeiten einzugehen, liegt zwar nicht im Bereich der Aufgabe dieser Vorträge, doch möchte ich die beiden hauptsächlichsten Werke, die hier in Betracht kommen, wenigstens nennen, schon damit Ihnen nicht der Gedanke komme, als habe man auf kirchlicher Seite das Feld völlig geräumt und denjenigen überlassen, welche an die Thatsächlichkeit einer objektiven Gottesoffenbarung und an Wunder im eigentlichen Sinne nicht mehr glauben. Beides halten Weiß und Beyschlag in ihrem „Leben Jesu" fest. Ebenso gelten ihnen die Evangelien und nicht bloß die drei ersten, sondern auch das vierte als glaubwürdige Geschichtsquellen, auf Grund deren sich eine wirklich geschichtliche Darstellung des Lebens Jesu geben läßt. Zwar rechnen beide, Beyschlag in größerem, Weiß in geringerem Umfange, mit Ungenauigkeiten und Irrtümern in den Evangelien, aber beide kommen doch zu dem Ergebnis, daß der Jesus der Geschichte auch der Christus des Glaubens sein und bleiben kann, beiden ist Christus mehr als ein bloßer Mensch, auch der vollkommenste und reinste, und Weiß hält die grundlegenden kirchlichen Glaubenssätze von dem vorzeitigen Sein des Sohnes bei dem Vater, der jungfräulichen Geburt, der Auferstehung, Beyschlag wenigstens die Auferstehung, entschieden fest. Doch, wie gesagt, genauer auf diese Werke einzugehen, liegt außerhalb des Rahmens meiner Aufgabe, ich mochte nur nicht unterlassen, darauf hinzuweisen, namentlich auf das mit ebenso großer Kunst geschriebene, wie tief eingehende Werk von Weiß.

Nicht ohne Interesse ist es dagegen, noch einen Blick auf das Leben Jesu zu werfen, welches Dr. Hugo Delff unter dem Titel „Die Geschichte des Rabbi Jesu von Nazareth" 1889 herausgegeben hat. Delff kommt auf Grund seiner kritischen Untersuchung zu Ergebnissen, welche denen Keims geradezu widersprechen. Bilden für Keim die synoptischen Evangelien, namentlich das des Matthäus, die einzigen verläßlichen Geschichtsquellen, während das Johannesevangelium als gänzlich ungeschichtlich beiseite geschoben wird, so ist dieses für Delff gerade die eigentliche historische Originalurkunde des Christentums. Seine zwölf Jünger haben als ungelehrte Leute und Juden den Herrn stark mißverstanden und ein ganz anderes Bild gezeichnet, als das der Wirklichkeit. Noch tief in jüdischen Anschauungen steckend, haben sie diese überall hineingetragen, z. B. in die Bergpredigt die Unauflöslichkeit des Gesetzes, die Seligpreisung der nach Gerechtigkeit Dürstenden, den Gedanken, daß Jesus die Heiden für Hunde erklärt habe und sich selbst als nur zu den verlorenen Schafen vom Hause Israel gesandt, die Weissagungen von seiner Wiederkunft als Weltrichter und vieles andere. Auch wo man noch ein Bewußtsein hatte von dem subjektiven Ursprung, nahm man keinen Anstand, es auf die Urheberschaft des Herrn und Meisters zu übertragen und ihm als sein Urteil, als seinen

Ausspruch in den Mund zu legen. Ja geradezu von einem Hineinfälschen rabbinischer und pharisäischer Grundsätze in die Aussprüche des Herrn ist Rede. Verstanden hat den Herrn nur Johannes, und nur er allein hat aus unmittelbarer Augen- und Ohrenzeugenschaft im vierten Evangelium ein wahres Bild Jesu gezeichnet. Jedoch ist das nicht der Zebedäide Johannes, der unter den Zwölfen genannt wird, sondern ein vornehmer Jerusalemit aus hohepriesterlichem Geschlecht, der später als Presbyter Johannes in Ephesus lebte. Man muß sich nämlich nicht vorstellen, die Zwölf hätten dem Herrn am nächsten gestanden; sie waren nur „nach ihren agitatorischen Gaben" zum Zwecke der Agitation unter dem Volke ausgewählt. Näher noch standen ihm manche Vertraute aus den höheren Kreisen und unter ihnen besonders der „Hohepriester Johannes". Er ist der Jünger, den Jesus lieb hatte, und ihm danken wir das vierte Evangelium. Freilich nicht so, wie es jetzt vorliegt. Delff streicht eine Reihe von Abschnitten, einen großen Teil des Prologs, die Geschichte von der Hochzeit zu Kana, die Speisungsgeschichte und anderes. Der Rest bildet dann die Grundlage für die Darstellung des Lebens Jesu. Daß dieses einen von der gewöhnlichen Vorstellung ganz abweichenden Charakter trägt, läßt sich erwarten. Jesus gehört nicht zu den Armen, er ist selbst vermögend, dabei in jüdischer Schulgelehrsamkeit wohl bewandert, selbst ein Rabbi und als solcher auch äußerlich auftretend. Nicht Galiläa, Jerusalem ist der Hauptschauplatz seiner Wirksamkeit. Dort hat er seine zahlreichsten und ihm am nächsten stehenden Schüler. Der

Inhalt seiner Predigt ist das Reich Gottes, aber das verkündet er in einem den jüdischen Ansichten gerade entgegengesetzten Sinne, als ein innerliches sittliches Reich. Der Vatername Gottes, der nach Keim die neue Sonne ist, die jetzt über der Menschheit aufgeht, ist nach Delff gar nichts neues. Jesus gebraucht ihn nur im Anschluß an die populäre Vorstellung und leitet ihn auch auf einen höheren Sinn über. Gott ist ihm nach seinem Wesen nur die „sittliche Lebensmacht". Ihm ist Gott „nicht äußere Person, sondern innere Kraft der Persönlichkeit, die innere Lebensmacht des Sittlichen". Die innere sittlich-religiöse Persönlichkeit ist in sich selbst die Darstellung Gottes. In diesem Sinne nennt sich Jesus „Gottes Sohn", und wie er sollen auch alle Menschen Gottes Söhne werden. Jesus selbst hat in seiner Persönlichkeit zuerst und in unbedingtem Maße diese innere Lebensmacht des Idealen, welche Gott ist, verwirklicht und dargestellt, und wer seine Lebensworte in sich aufnimmt, sich der Empfindung des in ihm wirkenden Zaubers des Idealen hingiebt, der hat den Weg der wahren Sittlichkeit und damit den Weg des Heils und des Lebens betreten. Denn das wahre und ewige Leben ist allein das Leben des Idealen, des Seinsollenden, das aus sich selbst immer das Sein hervorbringt und im Sein hervorgeht, und dieses an sich ist Gott. Diese Predigt mußte ihn mit den Juden, denen nichts ferner lag als ein solcher Idealismus, die Gott ganz äußerlich auffaßten und das Verhältnis der Menschen zu ihm als ein äußerliches Rechtsverhältnis, in Konflikt bringen, der sich schon in Galiläa anspinnt und in Jerusalem, wohin Jesus übersiedelt, auf die Spitze kommt. Die Entscheidung bringt dann die Auferweckung des Lazarus, die Delff übrigens, wenn auch etwas unklar, nur als Erweckung aus dem noch nicht völlig eingetretenen Tode auffaßt. Ob die Auferstehung Christi selbst eine Thatsache oder ein Traum oder ein bloßes Gerücht ist, läßt Delff dahin stehen. Für uns, für unseren subjektiven Glauben ist das gleichgültig. „Denn wir sind aufgeklärt genug, um auch eine Existenz im Geist oder als Geist und einen fortgesetzten Einfluß solcher geistigen Existenz auf uns sinnlich lebende Menschen für möglich halten zu können." Der geschichtliche Verlauf fordert nun, daß die Auferstehung damals geglaubt wurde. Jetzt kann man jedem überlassen, „davon zu glauben, was ihm sein Genius zu glauben gestattet."

Eine Besprechung dieses Phantasiegebildes werden Sie von mir nicht verlangen. Ich habe es Ihnen nur vorgeführt, um Ihnen an einem Beispiele zu zeigen, zu welchen verschiedenen Ergebnissen man auf dem Wege einer inneren Kritik der Evangelien kommen kann. Das Bild, welches Delff von dem Leben Jesu entwirft, ist das reine Gegenbild des von Keim entworfenen. Hier ist der Hauptschauplatz der Wirksamkeit Jesu in Galiläa, dort in Judäa. Hier wird der wahre Inhalt der Predigt Jesu den ersten Evangelien entnommen, Johannes hat alles nach späteren theologischen Anschauungen neu geprüft. Dort verhält sichs umgekehrt, die Tradition, die dem ersten Evangelium zu Grunde liegt, läßt Jesum als Messias nach jüdisch-rabbinischem Begriff erscheinen. Was der Eine als Sage behandelt, ist dem Andern echte Geschichte. Nach Keim ist die Geschichte von der Auf=

erweckung des Lazarus aus der Erzählung von dem reichen Manne und dem armen Lazarus entstanden. Der Verfasser des vierten Evangeliums schuf diese Geschichte „nicht so ganz mit gleichem Geschick wie vieles andere"; er läßt den Lazarus wirklich von den Toten auferstehen, um die Hartnäckigkeit des Volkes, das trotzdem nicht glaubte, zu zeichnen. Nach Delff ist umgekehrt die Erzählung vom reichen Manne ein Nachklang der Geschichte von der Auferweckung des Lazarus. Man hatte etwas davon gehört, ohne Genaueres zu wissen, und schuf daraus diese Erzählung, die mit ihrer Schroffheit und Härte so wenig zu dem Sinne Jesu paßt.

Solche entgegengesetzte Urteile begegnen uns aber auf dem Gebiete der neutestamentlichen Kritik auf Schritt und Tritt. Wo der Eine unerfindbare Erinnerungen sieht, sieht der Andere nur Sagen, Mythen, Dichtungen, die bald als Nachklänge alttestamentlicher Erzählungen gedeutet werden, bald nur als Verdunkelung wirklich geschichtlicher Vorgänge oder als Verkörperungen von dem Herrn gesprochener Worte, oder auch, als mehr oder minder absichtlich, mit und ohne Tendenz, erfunden gelten. Ganz natürlich. Der Maßstab, nach dem man urteilt, ist eben kein objektiv gegebener, wir haben ja keine anderen Geschichtsquellen als die Evangelien und daneben das Wenige, was die übrigen neutestamentlichen Bücher bieten. Die Kritik ist ganz subjektiver Natur. Man geht von allerlei Voraussetzungen aus, z. B. daß Wunder oder doch eine bestimmte Art von Wundern nicht geschichtlich sein können, man hat sich so oder anders ein Bild Jesu gemacht und darnach beurteilt man nun den Inhalt der Evangelien, und verwirft was damit nicht stimmt als ungeschichtlich.

Wenn auch in weit geringerem Maße zeigt sich das selbst bei den Darstellungen des Lebens Jesu, die Beyschlag und Weiß im Unterschiede von den bisher besprochenen auf positiver Grundlage gegeben haben. Beide behandeln nicht bloß die drei ersten Evangelien, sondern auch das vierte als glaubwürdige Geschichtsquellen. Von den drei ersten Evangelisten urteilt Beyschlag, sie waren ehrliche Leute, denen es darum zu thun war, Zuverlässiges zu bieten, und die auch in der Lage dazu waren, denn sie lebten und schrieben noch innerhalb des apostolischen Zeitalters als die Erstlingsträger der Überlieferung, und Weiß erklärt ausdrücklich, jede wesentliche Trübung sei unter der Leitung des Geistes für ausgeschlossen zu achten. Auch das vierte Evangelium gilt beiden als apostolische Schrift und auch in ihm haben wir ein, wenn auch nach der persönlichen Anschauung des Johannes entworfenes, doch wirklich geschichtliches Bild des Herrn. Wie kommt dann aber Beyschlag dazu, dennoch die Kindheitsgeschichte als ungeschichtlich zu verwerfen, obwohl sie von denselben Evangelisten, die er sonst als glaubwürdig behandelt, erzählt wird? oder weshalb will er nichts davon wissen, daß der Herr ein Bewußtsein von seinem vorzeitlichen Sein beim Vater gehabt habe, obwohl er das bei Johannes unzweideutig genug ausspricht? Die Kindheitsgeschichte und die Aussprüche Jesu stimmen nicht zu seiner Auffassung der Person Christi. Wie kommt Weiß dazu, daß er das Wunder auf der Hochzeit zu Kana und die wunderbare Speisung fast rationalistisch auszu=

deuten geneigt ist, obwohl dem ersten Wunder gegenüber keine andere Wahl bleibt, als es entweder anzuerkennen oder das vierte Evangelium überhaupt als unhistorisch zu verwerfen, was Weiß doch nicht will, und obwohl das Speisungswunder so gut, von allen vier Evangelisten, bezeugt ist wie kaum ein anderes? Diese Wunder stimmen nicht zu dem Wunderbegriff, den Weiß voraussetzt. Beyschlag und Weiß urteilen hier nicht als Historiker, sondern als Dogmatiker. Es ist dieselbe subjektive Kritik wie bei Keim und andern.

Aber läßt sich ohne solche Kritik eine wirkliche Biographie Jesu schreiben? Ich will mit einer Frage antworten, die Ihnen vielleicht beim ersten Hören sehr auffällig und seltsam vorkommen wird. Brauchen wir denn eine Biographie Jesu? und ist eine solche bei dem uns zur Verfügung stehenden Quellenmaterial möglich?

Lassen Sie mich mit der zweiten Frage beginnen. Machen wir uns doch einmal klar, was wir in den Evangelien besitzen. Nicht Bücher, die im historischen Interesse geschrieben sind, sondern Zeugnisse von Jesu. Die Evangelisten haben gar nicht die Absicht, eine Biographie Jesu zu schreiben und eine vollständige Darstellung seines Lebens, Werdens und Wirkens zu geben. Was sie geben, ist Heilsverkündigung zum Zweck der Glaubensbegründung. Alles was dazu nicht nötig ist, ist bei Seite gelassen. Nirgends kommt es ihnen auf chronologische Genauigkeit oder auf peinliche Treue in den Details der Erzählung an, sondern immer nur auf den Kern der Sache. Jeder Zug ist nur um seines religiösen Wertes willen aufbehalten, keiner bloß deshalb,

Ist eine Biographie Jesu möglich? 105

weil es interessant ist, auch dieses oder das von Jesu zu wissen. Für den Glauben, und nur für den Glauben sind die Evangelien geschrieben, ist es ganz gleichgültig, ob dieses oder jenes Ereignis früher oder später stattgefunden hat, ob dieses oder jenes Detail der Erzählung richtig ist. Für den Glauben ist es nur von Bedeutung, ob der Herr sich so dargestellt hat, denn der Glaube will nur ihn haben, wie er sich selbst giebt. Dazu kommt, daß wir eigentlich ein doppeltes Bild Jesu haben, eines in den drei ersten Evangelien, eines im Johannesevangelium. Das ist für den Glauben ein nicht genug zu rühmender Vorteil, denn eben in dem Zusammenschauen beider Bilder gewinnen wir ein recht lebendiges, ich möchte fast sagen körperlich greifbares Bild, während der geschichtlichen Darstellung daraus unüberwindliche Schwierigkeiten erwachsen, denn aller Mühe gelingt es nicht, den Stoff der Art zu einer Gesamtdarstellung zusammen zu arbeiten, daß jedem einzelnen Werke und jeder überlieferten Rede Jesu eine feste Stelle angewiesen wird. Auf Grund solcher Quellen läßt sich eine der Geschichtswissenschaft genügende Biographie nicht gewinnen. Die Geschichtswissenschaft will wissen, wie die betreffende Persönlichkeit so geworden ist in ihrem Volk und in ihrer Zeit. Dafür bieten aber die Quellen nicht das ausreichende Material. Sie stellen den Herrn gar nicht in seinem Werden dar, sondern so, wie seine Person und sein Werk unser Heil ist. Der Biograph ist deshalb auf Vermutungen und Kombinationen angewiesen. Man sucht nicht in den Evangelien, sondern hinter ihnen, und bemüht sich, wie Keim charakteristisch sagt, die Evangelien zu zwingen, uns etwas von der historischen Entwickelung zu verraten; man kombiniert die Bruchstücke, die einzelnen Erinnerungen, welche die Evangelien bieten mit mehr oder minder Scharfsinn, und wo das nicht ausreicht, muß die dichtende Phantasie nachhelfen. Der Geschichtsschreiber wird zum Dichter. Was dann herauskommt, das mag sehr geistvoll sein, schön und erbaulich, wie ich das namentlich von Weiß Leben Jesu und in manchen Abschnitten auch von dem Werke Beyschlags gern anerkenne, aber eine Biographie Jesu im geschichtswissenschaftlichen Sinne ist es nicht.

Gottlob! brauchen wir als Christen eine solche auch nicht. Unser Glaube ist nicht davon abhängig, ob es der Wissenschaft gelingt, den Stoff der Evangelien zu einer einheitlichen, widerspruchslosen Geschichtserzählung zu verarbeiten. Ja, es liegt nach meiner Ansicht geradezu eine Gefahr darin, wenn man in unsern Tagen auf die Darstellung des Lebens Jesu solchen Wert legt. Kähler hat nicht Unrecht, wenn er klagt, „der historische Jesus verdeckt uns den lebendigen Christus". Der Schwerpunkt verschiebt sich, man legt den Nachdruck auf Sachen, die für uns als Christen wenig Bedeutung haben, und was für unseren Glauben die Hauptsache ist, das Werk des Herrn, was auch in den Evangelien die Hauptsache ist, sein Thun, sonderlich sein Leiden und Sterben, das ja auch in den Evangelien den breitesten Raum einnimmt, tritt zurück. An sehr vielen Punkten kommt man über Vermutungen nicht hinaus, muß sich mit Möglichkeiten oder Wahrscheinlichkeiten begnügen. Der Eine ordnet die Begebenheiten im Leben Jesu so, der andere anders, und diese Anordnung ist im Grunde ebenso möglich wie jene, mehr aber auch nicht. Sicherheit ist nicht zu gewinnen. Das ist für den Glauben gleichgültig, erweckt aber leicht den Schein, als wäre hier alles unsicher. Noch weniger Wert hat es, die Abschnitte aus dem Leben des Herrn, über welche die Evangelien wenig Aufschluß geben, poetisch auszumalen, wie das z. B. Beyschlag mit der Jugendgeschichte Jesu thut. Das alles brauchen wir nicht. Was wir aber brauchen, das geben uns die Evangelien, Antwort auf die Frage, was der Herr gethan hat, unser Heil zu schaffen, das Gottesreich zu gründen, ein echtes, anschauliches, lebendiges Bild des Herrn. Daß wir ein solches Bild hätten, dafür hat der Herr gesorgt, er hat sozusagen dieses Bild selbst gezeichnet, denn den Eindruck, den er auf seine Jünger gemacht hat, den geben die Evangelien treu wieder und schaffen damit die Möglichkeit, daß wir noch heute aus den Evangelien denselben Eindruck empfangen.

Aber das ist nun allerdings die entscheidende Frage, ob uns dieser Eindruck in den Evangelien ungetrübt überliefert ist, ob wir in dem, was sie erzählen, Geschichte vor uns haben oder Mythus, Sage, unabsichtliche, vielleicht absichtliche Tendenzdichtung, mit Einem Worte, ob das Bild Jesu, das sie uns geben, echt ist. Auf diese Frage gedenke ich denn in meinem nächsten Vortrage zu antworten.

IV.

Die Evangelien.

Es sind vor allem zwei Fragen, von deren Beantwortung die Stellung abhängt, die man zu den modernen Darstellungen des Lebens Jesu auf der einen, und zu der, um sie kurz so zu bezeichnen, kirchlichen Auffassung auf der anderen Seite einnimmt, nämlich einmal die Frage nach den Quellen, inwieweit wir in den neutestamentlichen Schriften, namentlich den Evangelien, wirklich glaubwürdige Geschichtsquellen für das Leben Jesu vor uns haben? und sodann die Wunderfrage, ob es Wunder giebt? Die modernen Darstellungen des Lebens Jesu beruhen auf der Verneinung der letzteren Frage und auf der Voraussetzung, daß die Evangelien neben echt Geschichtlichem auch bereits viel Sagenhaftes enthalten. Beide Fragen greifen freilich ineinander. Denn zu den Hauptgründen, mit denen bewiesen werden soll, daß unsere Evangelien keine durchweg glaubwürdige Geschichtsquellen sind, gehört auch der, daß sie Dinge erzählen, die schlechthin unglaubwürdig sind, die nicht so geschehen sein können, nämlich Wunder; und umgekehrt, wollten wir uns für das wirkliche Vorkommen von Wundern auf die Evangelien berufen, so würde man diese Berufung damit zurückweisen, daß man sagt, die Evangelien enthielten nicht reine Geschichte, sondern mehr oder minder mit Sage und Dichtung vermischte, sagenhaft ausgeschmückte Geschichte. Dennoch muß ich Sie vorweg bitten, nicht bloß mir zu gestatten, die erste Frage von der zweiten ganz zu trennen, sondern auch selbst beide Fragen auseinander zu halten. Eine unbefangene Prüfung der ersten Frage ist sonst nicht möglich. Geht man an die Evangelien heran mit der Voraussetzung, daß es keine Wunder geben kann, so ist ihnen ihr Urteil gesprochen, denn sie sind voll von Wundererzählungen; dann ist jede weitere Untersuchung völlig überflüssig. Ob es Wunder giebt und geben kann? diese Frage soll uns, so Gott will, das nächstemal beschäftigen, lassen wir dieselbe darum heute ganz aus dem Spiel und prüfen wir (diese Frage immer vorbehalten) die Quellen der Geschichte Jesu ebenso unbefangen, wie ein Biograph, ehe er daran geht, das Leben eines Mannes zu beschreiben, die Quellen prüft, aus denen er zu schöpfen haben wird.

Für die Kenntnis des Lebens Jesu sind wir nun lediglich auf die Schriften des neuen Testaments angewiesen. Wäre es auch sehr interessant, zu wissen, was etwa jüdische und heidnische Zeitgenossen von ihm erzählt und über ihn geurteilt haben mögen, wir müssen darauf verzichten. Was sich da findet, ist ganz unbedeutend und wertlos. Eine Stelle bei dem jüdischen Geschichtschreiber Josephus, der um die Zeit der Zerstörung Jerusalems lebte und im jüdischen Kriege selbst ein Kommando gegen die Römer führte, ist in ihrem Texte so unsicher, daß sie dadurch jeden Wert verliert. Was die jüdische Tradition

IV. Die Evangelien.

bietet, ist seinem Alter nach ungewiß und zu sehr vom Hasse gegen Jesus gefärbt, um weitere Beachtung zu verdienen. Zwar bringt die buchhändlerische Industrie von Zeit zu Zeit Bücher auf den Markt, wie „Jesus der Essäer", „Briefe eines Essäers über Jesum" u. dergl., in denen angeblich gleichzeitige Nachrichten über Jesum enthalten sein sollen. Das ist purer Betrug. Die Heiden schweigen so gut wie ganz; da wo sie anfangen zu reden, sind ihre Nachrichten durch die Christen vermittelt. So bleiben uns also nur die neutestamentlichen Schriften.

Ehe wir jedoch auf diese eingehen, wird es wohlgethan sein, einige Bemerkungen allgemeiner Art voraufzuschicken, um uns wenigstens vorläufig darüber zu orientieren, was wir zu erwarten haben.

Fragen wir zuerst: Befinden wir uns denn überhaupt auf einem Boden, auf dem wir wirkliche Geschichte erwarten dürfen? Die Antwort lautet: Ja! wir stehen in einer vollkommen geschichtlichen Zeit, die uns mit ihrem Leben sonst so klar und durchsichtig ist, wie es nur irgend eine Zeit des Altertums sein kann. Es ist wichtig, sich das zu vergegenwärtigen, denn in der That läge die Sache ganz anders, wenn die Anfänge des Christentums in eine Zeit fielen, in der von gesicherter Geschichte überhaupt noch keine Rede sein kann. Die Thatsachen, mit denen das Christentum beginnt, sind auch nicht irgendwo im geheimen oder im Winkel geschehen, sondern offen am Tage vor den Augen eines ganzen Volkes, dessen Obrigkeit selbst, der hohe Rat und der römische Landpfleger, dabei beteiligt war.

Fragen wir weiter: War in den Kreisen der ersten

Vorbemerkungen. 111

Christen ein Interesse da für diese Geschichte, ein Interesse sie zu erkunden und sicher zu überliefern? so müssen wir antworten: Im höchsten Maße! Die Predigt des Evangeliums war zunächst Geschichtserzählung, mußte es sein. Wenn die Apostel ausgingen und predigten: Jesus ist der Christ! so wußte ja noch niemand: Wer ist denn dieser Jesus? Sie mußten also damit anfangen, ihren Zuhörern die Geschichte Jesu zu erzählen. Ohne Geschichtserzählung konnten sie keinen Schritt vorwärts thun. So wesentlich war für die Verbreitung der Kirche die Geschichtserzählung, daß Paulus unter den Ämtern, mit denen die Kirche ausgerüstet ist, auch ein Amt der Evangelisten nennt. Die Geschichte Jesu, die Geschichte seines Werks ist recht eigentlich der Gegenstand des christlichen Glaubens. Das Evangelium ist nicht ein Lehrsystem, das man vortragen kann, ohne von dem, der es aufgestellt hat, etwas mitzuteilen; sein Inhalt ist Geschichte, die Geschichte unserer Erlösung. In der That, nie hat eine Religionsgemeinschaft ein größeres Interesse an der Geschichte ihres Stifters gehabt, als die christliche Kirche. Wie ganz anders steht in dieser Beziehung der Islam zu seinem Stifter, und doch finden sich auch da schon früh eifrige Bemühungen, die Tradition über Muhammed und die Stiftung des Islam sicher zu stellen. Es ist gar nicht denkbar, daß nicht auch die älteste Kirche in diesem Stücke gethan haben sollte, was sie konnte; es ist schwer zu glauben, daß sie sich unbesehens sollte Sage für Geschichte haben unterschieben lassen. Sichere Spuren zeigen auch das Gegenteil. Ich erinnere nur daran, wie sorgsam Paulus im ersten Korintherbriefe die Zeugen der Auferstehung namhaft macht. Keineswegs dürfen wir uns vorstellen, er habe nur gepredigt: Christus ist auferstanden. Daraufhin würde ihm das damals so wenig jemand geglaubt haben, wie es heute Glauben finden würde, wenn es hieße: Der und der ist von den Toten auferstanden. Vielmehr führt er zur Bestätigung die Zeugen an, die ihn gesehen haben (1 Kor. 15). Man hat wohl, um von vornherein den ganzen Boden unsicher zu machen, gesagt, jene Zeit habe wenigstens in den christlichen Kreisen keine Kritik geübt, sei eine völlig unkritische, deshalb ein sicheres Urteil darüber, welche Quellen glaubwürdig seien, welche nicht, von ihr gar nicht zu erwarten. Nun ja, von dem, was man heute Kritik nennt, wußte sie wenig, dafür hatte sie in hohem Maße, was damals wie heute die Hauptsache bei aller Kritik ist, Sinn für die Wahrheit. Es handelte sich dabei um eine Geschichte, zu der sich zu bekennen den Haß der ganzen Welt herbeizog, Schmach und selbst den Tod bringen konnte, da fragt man doch wohl zuvor nach, auf welchem Grunde denn eine solche Geschichte ruht. Dagegen, daß die Kirche so ganz unkritisch verfahren wäre, daß sie nur hingenommen hätte, was erbaulich schien, unbekümmert darum, ob es wahr sei, dagegen spricht alles. Tertullian erzählt einmal gelegentlich von einem Presbyter, der eine Geschichte des Paulus und der Thekla anfertigte und für echt ausgab. Als die Sache entdeckt wurde, traf ihn die Strafe der Absetzung. Das stimmt wenig zu der Behauptung völliger Kritiklosigkeit. Bei den Evangelien hat die Kirche übrigens thatsächlich Kritik geübt, indem sie unsere vier Evangelien aus einer großen Zahl anderer ausgewählt hat.

Die Briefe Pauli. 113

Doch nicht auf die Evangelien wollte ich zuerst kommen. Das ist zu bestrittener Boden, um davon ausgehen zu können. Nehmen wir lieber unsern Ausgang von ganz unbestrittenem Boden, von den vier Briefen Pauli, welche selbst die extremste Kritik hat stehen lassen müssen. Es sind das der Brief an die Römer, die zwei an die Korinther und der Brief an die Galater. Daß dieses echte, wirklich von dem Apostel Paulus verfaßte Schriften sind, ist zwar in der neuesten Zeit von holländischen Theologen bestritten, nach deren Ansicht wir überhaupt keine Schriften aus der apostolischen Zeit besitzen, in Deutschland hat diese Ansicht aber bis jetzt keine Vertreter gefunden. Sehen wir denn, was in den genannten Briefen von der Geschichte Jesu enthalten ist.

Da könnte es nun befremden, daß dessen so wenig ist. Selten erzählt der Apostel von Jesu, auch selten nur führt er eines seiner Worte an. Bei einigem Nachdenken findet sich jedoch die Erklärung leicht. Die Briefe sind ja nicht geschrieben, um Juden oder Heiden erst für Christum zu gewinnen, sondern um schon gewonnene in ihrem Glauben zu befestigen und zu leiten. Sieht man genauer zu, so setzt Paulus überall eine geschichtliche Grundlegung voraus; das Leben Jesu ist seinen Lesern bekannt, es ist augenscheinlich eine ausführliche Geschichtsmitteilung vorangegangen. An diese erinnert Paulus nur, wo es nötig ist. Wie oft weist er auf das zurück, was er ihnen darüber gesagt hat, „auf sein Evangelium" (Röm. 2, 16). Wo sich Gelegenheit bietet, wird dann auch einzelnes hervorgehoben, hie und da etwas wie die

IV. Die Evangelien.

Einsetzung des heiligen Abendmahles, die Auferstehungs=
geschichte ausführlicher wiederholt.

Stellt man nun zusammen, was die Briefe auf diese
Weise bieten, so haben wir die Hauptsachen des Lebens Jesu
vor uns: Seine Abstammung aus Davidischem Geschlecht
(Röm. 1, 3), seine Geburt von einem Weibe (Gal. 4, 4),
die Einsetzung des Abendmahls (1 Kor. 11, 23 ff.), seine
Kreuzigung, Tod, Begräbnis und Auferstehung (1 Kor. 15,
1 ff.). Anderes können wir mit vollster Sicherheit er=
schließen. So läßt die Art, wie Paulus von der Taufe
redet (Röm. 6, 4; 1 Kor. 12, 13; 1 Kor. 1, 17; Gal. 3,
27 u. ö.) mit Sicherheit darauf schließen, daß er sie als
von Christo eingesetzt ansieht; und wenn Paulus die
Ausrüstung der Apostel mit Wundergaben auf den Herrn
zurückführt (1 Kor. 12, 7 u. a. a. O.), so kann er diesen
selbst nur als den ursprünglichsten und reichsten Inhaber
derselben angesehen haben. Detail giebt Paulus wenig,
wir sahen vorhin, aus welchem Grunde; aber wo er
solches giebt, stimmt es ganz mit den evangelischen
Erzählungen, so z. B. daß die Obersten in Israel
Jesu Tod verschuldet (1 Kor. 2, 8), daß er verraten
ist (1 Kor. 11, 23), daß er am dritten Tage auf=
erstanden ist (1 Kor. 15, 4). Und nun die Haupt=
sache, das ganze Bild, das Paulus von Jesu hat, ist
eben dasselbe, welches wir aus den Evangelien ge=
winnen. Jesus ist ihm nicht bloß der sünblos heilige
Mensch (2 Kor. 5, 21; Röm. 5, 19), er ist ihm mehr
als Mensch, er ist der Sohn Gottes (Röm. 1, 4; Gal. 4,
4 u. a. a. O.) und Sohn Davids, der da reich war in
göttlicher Herrlichkeit und ist arm geworden um unsert=

Die Briefe Pauli.   115

willen (2 Kor. 8, 9), er ist ihm der Mittler der Weltschöpfung (1 Kor. 8, 6), der Mensch vom Himmel (1 Kor. 15, 47), der jetzt sitzt zur Rechten Gottes (Röm. 8, 34) und einst vom Himmel wieder kommen wird zu richten (Röm. 2, 16), er ist **der Herr** im eminentesten Sinne, der Gegenstand und Inhalt des Glaubens und der Anbetung. In der That, man braucht nur diese vier Briefe des Paulus zu lesen, um sich zu überzeugen, der Christus des Paulus ist ein anderer gewesen als der, den Renan, Strauß und Schenkel oder auch Keim uns als den wahrhaft geschichtlichen bieten.

Und nicht Paulus allein hatte diesen Christus. Reihen wir den Briefen Pauli den ersten Brief Petri an: dasselbe Christusbild tritt uns auch hier wieder entgegen. Nehmen wir endlich auch die Offenbarung Johannis hinzu. Mag dieselbe nun den Apostel oder einen andern Johannes zum Verfasser haben (darüber gehen die Ansichten noch auseinander), jedenfalls ist sie eine Schrift der apostolischen Zeit. Und auch sie lehrt nicht anders von Christo. Er ist ihr der Erste und der Letzte, der Lebendige, das A und das O (Offenb. Joh. 1, 8. 11), Gegenstand göttlicher Anbetung und Verehrung (1, 17 u. ö.). Die Kirche kann sich also damit trösten, daß ihr Christusbild schon das der apostolischen Zeit, das des Paulus und Petrus und des apostolischen Mannes gewesen ist, der die Offenbarung verfaßt hat.

Sagt man, dieses Bild ist falsch, so bedenken Sie wohl, was man damit sagt. Man sagt nichts geringeres, als daß schon die apostolische Zeit, schon die, welche teils selbst Augenzeugen gewesen waren, teils mit Augenzeugen verkehrten, sich ein falsches Bild von dem Herrn machten. Sagt man, die Kirche habe den Menschen Jesus später irrigerweise vergöttert, und das sei der Irrtum, von dem das Christentum gereinigt werden müsse, um es zu seiner ursprünglichen Reinheit zurückzuführen, nun, so hat diese angebliche Verirrung wenigstens sehr früh begonnen, so früh, daß man eigentlich sagen muß, ein in dem Sinne derer, die so reden, reines Christentum ist nie dagewesen. Man kann ja das Christusbild des Petrus und Paulus verwerfen, aber dann sei man auch so ehrlich, es zu sagen; man kann ein anderes an die Stelle setzen, aber dann thue man nicht so, als könnte man die apostolische Zeit dafür zum Zeugen aufrufen, sondern sage es frei heraus, daß man dieses Christusbild selbst gemacht hat.

Gehen wir nun zu den Evangelien über, so müssen wir uns deren Entstehung möglichst einfach und natürlich vorstellen. Zwar es waltet ja über dem Allen und in dem Allen der heilige Geist, als dessen Aufgabe es der Herr ausdrücklich hinstellt, seine Jünger zu erinnern an alles, was er ihnen gesagt, der dafür Sorge trug, daß der Kirche in Zukunft ein sicheres für ihren Glauben und ihr Leben ausreichendes Lebensbild ihres Stifters und Hauptes nicht fehle, aber es ist des Geistes Weise überall nicht, das Natürliche zu unterdrücken, sondern zu reinigen, und mit dieser menschlichen natürlichen Seite der Evangelienbildung haben wir es hier zu thun. Da versteht es sich nun eigentlich von selbst, daß nicht die schriftliche Aufzeichnung, sondern die mündliche Erzählung der Thaten und Reden des Herrn das erste war, zumal die Gedanken der ersten Christen noch durch=

aus nicht auf eine ferne Zukunft der Kirche auf Erden gerichtet waren, sondern in ihnen vielmehr die Hoffnung einer baldigen Wiederkunft des Herrn lebte. Die schriftliche Aufzeichnung ist nur der Niederschlag dieser mündlichen Erzählung.

Da erzählte denn zunächst jeder, was er als Augen- und Ohrenzeuge wahrgenommen, und wenn die Apostel, die während seiner ganzen öffentlichen Wirksamkeit Jesum begleitet hatten, dadurch in den Stand gesetzt waren, die reichsten und vollständigsten Mitteilungen über sein Leben zu machen, so reihten sich ihnen gewiß bald andere an, die zu dem, was sie selbst gesehen, anderes von anderen Zeugen Vernommenes sammelten. Es bildeten sich Gruppen und Reihen von Erzählungen und Reden des Herrn. Dabei hatte man zwar gewiß seine Freude daran, möglichst viel von dem, was der Herr gesagt und gethan, zu erzählen und zu hören, aber ein Interesse, nun gerade alle seine Worte zu sammeln oder alle seine Wunderwerke zu erzählen, hatte man nicht. Von Anfang an haben wir vielmehr nur eine Auswahl des Stoffes vor uns, und auf diese Auswahl werden auch, menschlich geredet, allerlei zufällige Umstände eingewirkt haben. Erzähler aus Galiläa werden auch besonders gern und oft Erzählungen aus der galiläischen Wirksamkeit des Herrn mitgeteilt haben, und da die meisten seiner ersten Anhänger Galiläer waren, nahm der galiläische Erzählungsstoff in der mündlichen Überlieferung von Anfang an den größten Raum ein. War etwa einer von denen, die der Herr geheilt, nachher ein lebendiges Glied der Gemeinde geworden, so knüpfte sich an diese Heilungs=

geschichte ein besonderes Interesse. Man hatte ja den lebendigen Zeugen in seiner Mitte. So liegt z. B. die Vermutung nahe, daß wir einem ähnlichen Umstande die Nennung des Namens des blinden Bartimäus, Timäi Sohn (Mark. 10, 46) verdanken, oder die Nennung des Simon von Kyrene, der ein Vater war Alexandri und Rufi (Mark. 15, 21). Bartimäus, Alexander, Rufus waren bekannte Glieder der Gemeinde, und ganz natürlich erzählte man die Geschichte mit den bekannten Namen, während umgekehrt anderswo die Namen, wie bei jeder volkstümlichen Erzählung, sich rasch verloren und nur noch von einem Aussätzigen, einem Gichtbrüchigen ohne Namen erzählt wurde. Ähnlich ging es mit Orts= und Zeitangaben. Für diese konnte zunächst kein Interesse da sein. Die Hauptsache war, daß der Herr diesen oder jenen Kranken geheilt, dieses oder jenes Wort geredet hatte, wann das geschehen und wo das geschehen, daran lag wenig. So dürfen wir uns diese mündlichen Erzählungen aus dem Leben des Herrn ja nicht als eine alles umfassende, möglichst vollständige, chronologisch geordnete Biographie des Herrn vorstellen, wenn auch die Hauptthatsachen, namentlich sein Tod und seine Auferstehung in keiner Erzählung fehlen konnten.

Bald mußte nun auch das Interesse aufwachen schriftlich zu fixieren, was bisher nur mündlich erzählt war. Es lag nahe genug, was man gehört hatte, durch Aufzeichnung sicher zu stellen oder auch dadurch, daß man es schriftlich verfaßte, die Möglichkeit zu gewinnen, es auswärtigen Brüdern, die darum baten, mitzuteilen.

So entstanden ganz natürlich die ersten Aufzeichnungen, gewiß auch diese nicht sogleich vollständig, alles umfassend, sondern zunächst nur einfache Abdrücke der mündlichen Erzählung. Je weiter die Kirche sich ausbreitete, je weiter auch die Zeit vorrückte, desto mehr mußte das Interesse an schriftlichen Aufzeichnungen zunehmen, und abgesehen von andern Spuren zeigt der Eingang des dritten Evangeliums deutlich genug, daß es außer unsern Evangelien noch eine große Zahl von Schriften gab, die mehr oder minder vollständig das Leben und Wirken des Herrn erzählten. Das vollkommenste und deshalb von der Kirche anerkannte Produkt dieses Prozesses bilden unsere drei ersten Evangelien.

Diese müssen wir von dem vierten Evangelium gesondert zuerst betrachten. Das vierte Evangelium steht ganz für sich, wie denn auch ein Blick in dasselbe zeigt, daß es zum großen Teil ganz anderen Stoff bietet, andere Wunder erzählt, andere Reden mitteilt, als die drei ersten Evangelien, die ihrerseits, wie jedem, der sie auch nur einmal gelesen hat, nicht entgangen sein wird, unter einander aufs engste verwandt sind, so daß sie nicht bloß im wesentlichen denselben Erzählungsstoff bieten, sondern vielfach auch in der Art der Erzählung oft bis aufs Wort übereinstimmen. Sie lassen sich leicht so zusammenstellen, daß man der Erzählung des einen die eines andern oder beider andern als Parallele zur Seite stellt. Eine solche Zusammenstellung nennt man mit dem griechischen Worte „Synopse" und daher die drei ersten Evangelien „synoptische Evangelien". Die Erklärung dieses Verwandtschaftsverhältnisses ist eines der schwierigsten

Probleme der neutestamentlichen Wissenschaft. Seine Lösung ist etwa seit anfang dieses Jahrhunderts, wo man zuerst ernstlich daran ging, durch zahlreiche Hypothesen versucht, von denen immer eine die andere verdrängt hat, und auf die genauer einzugehen hier viel zu weit führen würde. Am meisten Zustimmung findet gegenwärtig die Annahme, daß den Evangelien zwei Hauptquellenschriften zu Grunde liegen, eine Sammlung von Reden des Herrn, die Matthäus zusammenstellte, und das Evangelium des Markus wesentlich in der Gestalt, wie wir es heute haben. Auf Grund dieser Quellenschriften und mit Hinzunahme der noch fließenden mündlichen Überlieferung sind dann das Evangelium Matthäi in seiner heutigen Gestalt und das Evangelium Lucä entstanden. Doch darf dieses ganze Problem noch durchaus nicht als sicher gelöst betrachtet werden. Es fehlt auch heute noch nicht an Gelehrten der verschiedensten Richtungen, die andere Ansichten festhalten und verteidigen, oder auch jede Benutzung des einen Evangeliums durch die Verfasser der andern ablehnen und alle drei als nur der mündlichen Überlieferung entstammend ansehen.

Die ganze Frage ist für uns nicht so wichtig wie die Frage, wann unsere Evangelien entstanden sind? Denn darauf wird es bei der Beurteilung ihrer Glaubwürdigkeit besonders ankommen. Je näher sie den Ereignissen selbst stehen, die sie erzählen, desto sicherer dürfen wir in ihnen wirklich glaubwürdige Zeugen derselben erwarten, umgekehrt, je ferner dem apostolischen Zeitalter sie entstanden sind, desto eher ist es wenigstens möglich,

Die drei ersten Evangelien. 121

daß sich bereits Sagenhaftes in sie eingeschlichen hat. In diesem Interesse suchte die Tübinger Schule die Evangelien so weit als möglich ins zweite Jahrhundert herabzurücken. Nach Baur sollte das Matthäusevangelium erst 130—134, Lukas gar erst 150 geschrieben sein. Unzweifelhaft aber finden wir die synoptischen Evangelien schon 140—150 in allgemein anerkanntem kirchlichen Gebrauche. Um die Mitte des zweiten Jahrhunderts schon schöpft ein heidnischer Gegner des Christentums, Celsus, aus ihnen als aus allgemein anerkannten Büchern seine Nachrichten über Jesu Person und Werk. Noch früher 130—140 finden wir sie bei den gnostischen Irrlehrern. Einer von ihnen, Marcion, bearbeitete das Lukasevangelium für seine Zwecke, ein ganz unumstößlicher Beweis dafür, daß dieses damals allseitig anerkannt war. Dann müssen aber, daran ist ebensowenig zu zweifeln, die Evangelien schon geraume Zeit vorher entstanden sein. So begann denn auch schon in der Tübinger Schule selbst eine rückläufige Bewegung. Baurs Schüler setzten die Evangelien immer höher hinauf. Schon Zeller ließ den Lukas um 130 geschrieben sein; Volkmar den Markus um 80, Lukas 100, Matthäus 110; Hilgenfeld Matthäus und Markus gegen Ende des ersten, Lukas im Anfang des zweiten Jahrhunderts. Sind wir damit schon im wesentlichen bis ins erste Jahrhundert zurückgekommen, so gehen die neueren Bearbeiter der Evangelienfrage noch weiter zurück. Holtzmann giebt als Entstehungszeit die Regierung der flavischen Kaiser (69—96) an. Weiß läßt die älteste Quellenschrift, die Redesammlung 65—68, das Markusevangelium 69, unser heutiges Matthäusevangelium bald nach 70, das Lukasevangelium im Anfang der achtziger Jahre verfaßt sein. Beyschlag nimmt für den Markus und die Redesammlung etwa das Jahr 66, für Matthäus die Zeit kurz vor 70, für Lukas etwa das Jahr 80 an.

Eine besonnene Wissenschaft, die nicht voreingenommen ist, wird in der That zu keinen andern Ergebnissen kommen können. Abgesehen von allem andern gestatten das schon die äußeren Zeugnisse nicht. Diese sind so gut und sicher, wie wir sie nur aus einer Zeit verlangen können, die wenig schrieb und von deren Schriften noch weniger auf uns gekommen ist. Alles was wir aus der Zeit vom Ende des apostolischen Zeitalters bis in die Mitte des zweiten Jahrhunderts besitzen, läßt sich in einen mäßigen Band zusammenfassen. Und doch mangelt es allen drei Evangelien nicht an ausreichender Bezeugung.

Beginnen wir mit Markus, so bezeugt uns von ihm die älteste Überlieferung einstimmig, daß er unter dem besonderen Einflusse des Petrus, dessen Dolmetscher er war, sein Evangelium verfaßt habe. Namentlich sagt uns Papias[1]), ein Mann, der in die apostolische Zeit hinaufreicht, mit Berufung auf einen noch älteren Zeugen, den Presbyter Johannes, „Markus, der Dolmetscher des Petrus, habe was ihm aus den Vorträgen des Petrus seine Erinnerung darbot von den Worten und Werken des Herrn genau aufgeschrieben". Ja, das christliche Altertum geht vielfach so weit, das Evangelium Marci geradezu als ein Evangelium Petri zu behandeln. Äußern und innern Gründen nach muß es vor 70 verfaßt sein.

Für das Lukasevangelium haben wir das nächste

Zeugnis in der Apostelgeschichte. Es kann keinem Zweifel unterliegen, daß beide Schriften, wie sie ein Ganzes bilden, so auch einen Verfasser haben. Der Verfasser der Apostelgeschichte tritt aber in dieser selbst als ein Reisebegleiter des Paulus auf[2]), und wenn er sich auch nirgends nennt, so bezeugt das Altertum einstimmig, daß es Lukas ist. Damit stimmt das durchweg paulinische Gepräge des Evangeliums. Manchen Zeichen nach ist das Evangelium erst nach der Zerstörung Jerusalems geschrieben.

Etwas anders steht es mit dem Matthäusevangelium. Nach der kirchlichen Überlieferung[3]) schrieb Matthäus ursprünglich nicht Griechisch, sondern Hebräisch oder genauer in der damaligen Volkssprache Aramäisch. Höchst wahrscheinlich umfaßte aber diese Aramäische Schrift des Apostels nicht unser ganzes heutiges erstes Evangelium, sondern war mehr eine Zusammenstellung von Reden des Herrn, mochten diese auch von einzelnen geschichtlichen Notizen begleitet sein. Diese Spruchsammlung wurde dann ins Griechische übertragen und zu einem vollständigen Evangelium erweitert. Was die Zeit der Abfassung anlangt, so muß die Spruchsammlung schon sehr früh entstanden sein, da wir das Evangelium selbst noch vor die Zerstörung Jerusalems legen müssen.

Fassen wir die Ergebnisse zusammen, so sind unsere synoptischen Evangelien noch in der apostolischen Zeit, um den Zeitraum nur ganz im allgemeinen zu bestimmen, zwischen 60—75 abgefaßt, und wenn auch keines derselben, so wie es vorliegt, das Werk eines unmittelbaren Jüngers Jesu ist, so weisen sie doch mittelbar auf solche zurück, namentlich das erste auf Matthäus, das zweite auf Petrus.

Beachten wir was daraus folgt?

Wenn jemand behauptet, unsere Evangelien enthielten nicht Geschichte, sondern Sage oder wenigstens sagenhaft umgebildete, sagenhaft ausgeschmückte Geschichte, so muß er uns die Möglichkeit einer solchen umfassenden Sagenbildung nachweisen können. Jede Sagenbildung erfordert aber, von allem andern abgesehen, zunächst eine gewisse Zeit. Erst wenn das wirkliche Bild einer geschichtlichen Person durch Zeitferne verdunkelt und nur noch ein allgemeiner Eindruck ihrer Erscheinung zurückgeblieben ist, erst dann ist eine Sagenbildung in größerem Maßstabe möglich. Wo haben wir denn hier die Zeit für eine solche? Es liegen zwischen dem Tode des Herrn und der Abfassung des Markus nur wenig mehr als 30 Jahre. Noch lebte eine große Anzahl derer, die den Herrn gesehen, die diese Geschichte mit erlebt hatten. Paulus kann sich noch auf Hunderte von Augenzeugen der Auferstehung berufen (1 Kor. 15, 6). Ist da Raum zu einer umfassenden Sagenbildung? Erinnern Sie sich jetzt an das, was ich vorhin bemerkte, daß wir in einer durchaus geschichtlichen Zeit stehen. Die Zeit ist ihrem Charakter nach viel mehr eine Zeit des Unglaubens als des naiven Glaubens. Eine solche Zeit kann wohl bewußte religiöse Dichtung schaffen oder auch allerlei phantastische Bildungen des Aberglaubens, der damals wie immer dem Unglauben zur Seite ging, aber zu naiver Sagenbildung ist sie nicht angethan. Und wie stellten sich die Apostel zu dieser Sagenbildung, die schon zu ihrer Zeit nicht bloß begonnen, sondern schon damals ihre hauptsächlichste Thätigkeit entfaltet haben müßte?

Bei dem sittlich reinen, durch und durch wahrhaftigen Charakter der Apostel ist doch nicht denkbar, daß sie selbst daran teil gehabt oder auch nur diese Sagen, die sich ohne ihr Zuthun gebildet, in den Gemeinden als Geschichte sollten wiedererzählt haben. Wenn aber das nicht, wie sollen wir uns vorstellen, daß diese Sagen ohne Zuthun der Apostel oder gar unter ihrem Widerspruch Aufnahme und Glauben in den Gemeinden fanden, die doch in allen Stücken auf die Apostel als auf die von dem Herrn verordneten Zeugen zu sehen gewohnt waren?

Doch die Annahme, vieles in den Evangelien gehöre der unbewußt dichtenden Sage an, wie sie Strauß vor allen ausgebildet hat, ist heute nicht mehr die herrschende. Es hat sich eine bemerkenswerte Umwandlung vollzogen. Man redet lieber von bewußter Dichtung und macht eine Reihe von Erzählungen der Evangelien zu Allegorien, in denen irgend eine allgemeine Wahrheit in Gestalt einer Geschichte verkörpert ist, oder ein Ausspruch des Herrn sich zu einem äußerlichen Vorgange verdichtet hat. So entstand aus der Wahrheit, daß Jesus das Brot des Lebens ist, unter Einwirkung der Geschichte vom Manna in der Wüste die Speisungsgeschichte, aus dem Worte des Herrn vom Menschenfangen die Geschichte vom wunderbaren Fischzug. Aber abgesehen davon, daß die Annahme von bewußten Dichtungen derselben Schwierigkeit unterliegt wie die Annahme einer unbewußten Sagenbildung, ist sie auch gar nicht durchzuführen, ohne dem Herrn und seinen Aposteln einen sittlichen Makel anzuheften.

Renan meint, es habe sich schon zu Lebzeiten Jesu

eine Legende von ihm gebildet, und wenn Weizsäcker auch so weit nicht geht, so behauptet er doch, die Augenzeugen des Lebens Jesu seien gar nicht im stande gewesen, die Ereignisse richtig aufzufassen; die Begeisterung für Jesum, die sie mit dem Volke teilten, habe sie daran gehindert. Wäre dem wirklich so, dann würfe das ein sehr bedenkliches Licht auf den Herrn und seine Jünger. Will man nicht annehmen, daß des Herrn Erziehungsarbeit an ihnen ganz vergeblich gewesen, so muß doch ihr Umgang mit ihm, der sich selbst die Wahrheit nennt, ihren Wahrheitssinn geläutert und gestärkt haben. Hatte er sie zu seinen Zeugen berufen und sie eben dazu herangebildet, daß sie ein richtiges Bild von ihm und seinem Werk überliefern sollten, dann müssen wir, soll ihn kein sittlicher Vorwurf treffen, auch annehmen, daß er alles gethan hat, um ihnen ein richtiges Bild zu vermitteln und sie vor Täuschungen zu bewahren. So wenig er sich selbst sonnte in dem unwahren Glanze, den ihm die Begeisterung der Volksmassen lieh, so wenig ist es denkbar, daß er es nicht gehindert haben sollte, wenn seine Jünger ihn durch diesen trüben Nebel betrachteten, weil es ihrer Eitelkeit schmeichelte, einen so berühmten Meister zu haben. Weiter noch, ist es denn denkbar, daß schon so bald nach seinem Tode Wunder erdichtet wurden, wenn sein Leben selbst nicht so viel Wunderbares enthielt, daß das Wunder gleichsam als das Natürliche und Selbstverständliche erschien? Und nun das Schlimmste. Wenn die Evangelisten die Erzählungen als Allegorien gäben, so könnte man sich das noch gefallen lassen. Nun geben sie aber die

Berichte über die Wunder als Geschichte, die Wunder sollen „Zeichen" sein für den Glauben. Das ist nicht mehr Dichtung, das ist Fälschung und Lüge. Was muß man für eine Vorstellung von der apostolischen Zeit haben, wenn man die für möglich hält!

Endlich noch eins, was ich wohl zu beachten bitte. Daß sich schon in den wenigen Jahrzehnten, welche zwischen dem Tode des Herrn und der Abfassung unserer Evangelien in der Mitte liegen, an die Stelle des echt geschichtlichen Christusbildes ein ungeschichtliches und sagenhaftes eingedrängt haben sollte, wird man nicht für möglich halten können, wenn die Jünger, die Augen- und Ohrenzeugen, einen nur einigermaßen tief gehenden Eindruck von ihm empfangen, ein nur einigermaßen lebendiges Bild von ihm bewahrt hatten. Sagt man: Das Christusbild der Evangelien ist schon nicht mehr das wahrhaft geschichtliche, so muß man sich auch entschließen, zu sagen, daß die Jünger gar kein sicheres Bild des Herrn aus ihrem Verkehr mit ihm empfingen, so daß sich ihnen leicht ein falsches Bild unterschieben konnte, oder mit andern Worten, man muß sich entschließen zu sagen, daß Jesu Person, seine Worte und Werke eigentlich keinen Eindruck gemacht haben. Dann versuche man aber doch einmal zu erklären, wie es zugeht, daß die ganze große Weltbewegung als eine von der Person Jesu ausgehende sich darstellt. Wenn irgend etwas feststeht, dann ist es dieses, daß Jesus einen Eindruck auf seine Zeitgenossen gemacht hat von einer Tiefe, Lebendigkeit und Nachhaltigkeit wie nie ein anderer. **Dann aber muß auch 30—40 Jahre nach seinem Tode bei denen,** die mit ihm verkehrten, noch ein lebendiges, echtes und wahres Bild von ihm vorhanden gewesen sein, und vorausgesetzt, daß die synoptischen Evangelien, was nach dem gegenwärtigen Stande der Wissenschaft als sicher betrachtet werden darf, auch nur ihrem wesentlichen Inhalte nach um diese Zeit entstanden sind, so muß das Christusbild, welches sie uns darbieten, dieses echt geschichtliche sein.[1])

Doch wir haben ein noch unmittelbareres Zeugnis an dem vierten Evangelium. Ist dieses wirklich von Johannes verfaßt, so liegt uns in ihm ein Bericht über das Leben Jesu vor, wie es keinen bessern geben kann, der Bericht eines seiner Jünger selbst, ja eines seiner vertrautesten Jünger. Von allen Seiten hat man denn auch die Wichtigkeit der Frage nach der Echtheit des Johannesevangeliums erkannt, und die Verhandlungen darüber sind in den letzten Jahren so lebhaft gewesen, daß ihre Litteratur schon allein eine kleine Bibliothek ausmacht. Um so mehr fühle ich die Schwierigkeit, Ihnen von denselben ein auch nur einigermaßen ausreichendes Bild zu geben. Es wird dazu nötig sein, Sie in manche Einzelheiten einzuführen, wenn auch die Grenzen eines Vortrags die Beschränkung auf die Hauptsache nötig machen.

Es handelt sich zunächst um die äußern Zeugnisse für das vierte Evangelium. Wer kennt es und verbürgt uns seinen Johanneischen Ursprung?

Gehen wir von dem Zeitpunkt aus, in welchem dasselbe allgemein in der Kirche als apostolische Schrift anerkannt und in Gebrauch ist. Es ist das uns Jahr 180.

Äußere Zeugnisse.

In dieser Zeit setzt Irenäus die abgeschlossene Vierzahl unserer Evangelien voraus. Die Gemeinde in Lyon zitiert das Johannesevangelium in einem Briefe, den sie in Veranlassung der 177 erduldeten großen Verfolgung geschrieben hat. Ebenso findet es sich im Gebrauch der römischen Kirche, wie ein altes Schriftenverzeichnis derselben nachweist, im Gebrauch der alexandrinischen und syrischen Kirche, wie wir für jene aus den Schriften des Clemens von Alexandrien, für diese aus der syrischen Bibelübersetzung ersehen. Auch die Häretiker benutzen es, ein deutliches Zeichen seiner allgemeinen Anerkennung. Herakleon, ein Vertrauter des Gnostikers Valentin, schreibt (spätestens 170) schon einen Kommentar zu dem Evangelium; die s. g. Clementinischen Homilien, ein christlicher Roman, der um 150—160 in häretischen Kreisen entstand, zitiert einen Abschnitt daraus. Widerspruch findet es nirgends. Nur eine kleine Sekte, die der s. g. Aloger, verwarf es, aber ihr Widerspruch wird zu einem Zeugnis für dasselbe. Sie verwarfen es lediglich, weil es ihnen nicht zusagte. Hätte man damals nur noch die geringste Erinnerung an einen späteren Ursprung dieses Evangeliums gehabt, sie hätten das sicher geltend gemacht. Davon findet sich jedoch keine Spur.

Besonders wichtig ist das vorhin zuerst genannte Zeugnis des Irenäus. Dieser hatte früher in Kleinasien gelebt, er war ein Schüler des Polykarp von Smyrna, der selbst wieder den Johannes noch gekannt hatte. Des Irenäus Zeugnis[5] weist also gerade auf den Kreis zurück, in dem das Evangelium entstanden ist. Ist es denn denkbar, daß Irenäus ein Evangelium als von

Johannes stammend sollte angenommen haben, wenn er von den Männern, welche Johannes nahe gestanden, nie etwas über ein solches Evangelium gehört hatte?

So haben sich denn die Schüler Baurs auch genötigt gesehen, ein um einige Jahrzehnte größeres Alter des Evangeliums zuzugestehen. Während der Meister dasselbe in die Zeit von 160—170 legte, nimmt Volkmar 155, Zeller und Scholten 150, Hilgenfeld 130 bis 140, Pfleiderer 135—150 als die Entstehungszeit an.

Doch gehen wir weiter zurück. Der nächste Zeuge, auf den wir stoßen, ist Justin der Märtyrer, von dem wir eine Reihe von Schriften aus den Jahren 138—160 besitzen. Allerdings hat Justin noch nicht die abgeschlossene Vierzahl unserer Evangelien, sondern gebraucht auch solche, die später von der Kirche nicht anerkannt sind. Er nennt sie zusammen „Denkwürdigkeiten der Apostel". Aber sicher gebraucht er auch das Johannesevangelium. Nicht nur zitiert er einige Stellen, die sich nur in diesem finden; was noch wichtiger ist, er hat in seiner eigenen Sprache eine Menge Johanneischer Ausdrücke, und seine ganze Lehrart ist nur zu begreifen unter Voraussetzung des Johannesevangeliums.

Man hat nun zwar dieses Zeugnis dadurch abzuschwächen versucht, daß man darauf hinweist, Justin mache doch nur spärlichen Gebrauch von dem vierten Evangelium, und behauptet, zu den Denkwürdigkeiten rechne er es nicht, lege ihm auch nicht die gleiche Autorität bei wie den übrigen. Das mag dahin stehen. Für uns ist es genug, daß er dasselbe, was jetzt allgemein anerkannt ist, benutzt hat. Dann aber ist auch die Zeit von 140—150 als

Entstehungszeit nicht festzuhalten, denn unmöglich kann ein um diese Zeit in Kleinasien entstandenes Evangelium schon als Justin schrieb eine solche Stellung in den Gemeinden gehabt haben, wie seine Benutzung durch den Apologeten voraussetzt.

Doch die vor einigen Jahren aufgefundene Schrift des Hippolyt „gegen alle Ketzereien"*) hat uns ein noch weiter zurückreichendes Zeugnis gebracht. In dieser sind nämlich genaue Nachrichten über viele gnostische Sekten der Zeit und, was besonders wichtig ist, viele Auszüge aus den verlorenen Schriften derselben enthalten. Da findet sich nun, daß die Häupter der gnostischen Partei Basilides und Valentin bereits in den Jahren 130—140 das Johannesevangelium gebrauchen. Beachten wir nun, wie langsam sich damals Bücher verbreiteten, so dürfen wir gewiß sagen: Wurde das Evangelium schon 130—140 von den Gnostikern gebraucht, die sich doch damit nur aneigneten, was sie als in der Kirche anerkannt vorfanden, so muß es mindestens um 110—120 entstanden sein.

In diese Zeit gehen denn auch Schenkel, Weizsäcker, Reuß u. A. zurück. Ist man aber einmal genötigt, die Abfassung des vierten Evangeliums so früh zu legen, so ist damit die Annahme einer vollständigen Unechtheit desselben eigentlich schon unmöglich geworden, wie es denn auch Schenkel nicht mehr für völlig unecht hält und Weizsäcker es auf einen Schüler des Johannes zurückführt. Erinnern wir uns nämlich, daß allen Zeugnissen nach Johannes noch bis in den Anfang des zweiten Jahrhunderts gelebt hat, so läßt sich vielleicht begreifen, daß ihm um 140—150 ein Evangelium untergeschoben wurde; daß dieses aber etwa 10 Jahre nach seinem Tode geschehen sein und daß ein solches Evangelium ohne Anstand als echt angenommen sein sollte, das ist nicht zu begreifen.

Doch wir haben Zeugnisse, die noch höher hinauf reichen, zwar nur mittelbare, aber darum nicht minder gewichtige. Papias nämlich und Polykarp kennen den ersten Brief Johannes. Namentlich Polykarp zitiert eine Stelle aus demselben. Nun ist aber der Verfasser des ersten Briefes sicher auch der Verfasser des Evangeliums. Wir haben hier also das, wenn auch nur mittelbare, Zeugnis eines Mannes, der noch mit Johannes umgegangen ist. Man hat zwar diesem entscheidenden Zeugnisse in verschiedener Weise zu entgehen gesucht, aber alle derartigen Versuche sind nichtig. Man hat geleugnet, daß Evangelium und Brief Einen Verfasser haben. Baur erklärt den Brief für eine geistlose Nachahmung des Evangeliums, Hilgenfeld kehrt das Verhältnis um und läßt den Brief voraufgehen. Ich denke, wer Brief und Evangelium ohne Vorurteil nur einmal liest, wird nicht mehr leugnen, daß sie Ein Mann geschrieben haben muß. Man hat gesagt, das Vorkommen einzelner Sentenzen beweise noch nicht das Dasein des ganzen Briefes. Damit sagt man nur, daß man nichts zu sagen weiß. Man hat den Brief des Polykarp selbst für unecht erklärt. Das ist einfach Gewalt. Für den Brief des Polykarp haben wir das sichere Zeugnis des Irenäus, seines Schülers. Hier greifen die Zeugnisse fest ineinander. Irenäus, der den Polykarp persönlich gekannt hat, be=

Äußere Zeugnisse. 133

zeugt uns, daß dieser den Brief geschrieben, der seinen Namen trägt. In diesem Brief zitiert Polykarp, der den Johannes noch persönlich gekannt hat, dessen ersten Brief. Ist der Brief aber johanneisch, so muß es das Evangelium auch sein. Ich sehe nicht ab, wie man dieses Zeugnis los werden will.

Endlich noch das Zeugnis des Evangeliums selbst. Allerdings wird der Name des Johannes in demselben nie direkt genannt, aber indirekt giebt es sich als von ihm verfaßt, denn der Verfasser stellt sich als Augenzeugen hin (1, 14), und der Jünger, der niemals mit Namen genannt, sondern als der „andere Jünger" oder „der Jünger, den Jesus lieb hatte" bezeichnet wird, und unter dem nur Johannes gemeint sein kann, ist eben der Verfasser selbst, der sich nicht direkt nennen will, so wenig er seinen Bruder Jakobus und seine Mutter Salome nennt, aber sich so eigentümlich verschleiert einführt. Neuerdings hat man gerade darin ein Zeichen der Unechtheit entdecken wollen. Keim u. A. sehen darin einen „widerlichen Selbstruhm", den bei einem Apostel anzunehmen unmöglich sei. Aber ist das Selbstruhm, wenn der Apostel sich dessen erinnert, daß ihn der Herr lieb gehabt hat? Ebenso verfehlt ist es, wenn man versucht hat, den Verfasser von dem Lieblingsjünger zu unterscheiden, so daß er sich nicht mit diesem identifiziere, sondern sich nur auf ihn als seinen Zeugen berufe. Eine unbefangene Auslegung wird keinen andern Eindruck haben, als den bis in unsere Tage alle gehabt haben, daß der Verfasser der Apostel Johannes sein will. Als solcher wird er denn auch in dem Anhange des Evangeliums (21, 24) bezeugt. „Dies ist der Jünger, der von diesen Dingen zeuget und hat dieses geschrieben; und wir wissen, daß sein Zeugnis wahrhaftig ist." Das Zeugnis ist uralt und stammt ohne Zweifel aus der Umgebung des Apostels in Ephesus. War da ein Irrtum möglich, wie Reuß annimmt, oder ist das Zeugnis wie überhaupt die verschleiert angedeutete Verfasserschaft des Apostels nur eine Fiktion? Das wäre freilich eine in hohem Maße raffinierte Fiktion, um nicht zu sagen Fälschung. War die in der ersten Kirche möglich? und hat sich die Kirche wirklich so täuschen lassen?

Doch genug von den äußeren Zeugnissen. In ihnen liegt die Entscheidung nicht. Auch Gegner der Johanneischen Abfassung gestehen zu, daß das Evangelium ebenso gut bezeugt sei wie irgend eine andere Schrift des neuen Testaments. Um so mehr legen sie Gewicht auf die inneren Zeugnisse. Seinem ganzen Charakter und Inhalt nach könne das Evangelium nicht von dem Apostel Johannes herrühren.

Zunächst wird behauptet, es sei nach allem, was wir sonst von Johannes wissen, unmöglich, in ihm den Verfasser des Evangeliums zu sehen. Manches freilich von dem, was zur Begründung dieser Behauptung früher geltend gemacht wurde, kann man heute schon übergehen, da es als unhaltbar auch von den Gegnern aufgegeben ist. Zählte man z. B. früher eine Reihe von geographischen und geschichtlichen Irrtümern auf, die angeblich in dem Evangelium sich finden und den Beweis liefern sollten, der Verfasser kenne das jüdische Land und jüdische Sitte nicht, könne kein Palästinenser, also nicht Johannes sein, so hat sich davon keiner als begründet erwiesen.

Kann Johannes der Verfasser sein? 135

Gegenwärtig wird allgemein zugestanden, daß der Verfasser in Palästina gut zu Hause ist, die Örtlichkeiten genau kennt und so anschaulich schildert (z. B. den Schauplatz des Gesprächs mit der Samariterin), wie es nur jemand vermag, der sie mit Augen gesehen hat. Auch sonst ist er in jüdischer Sitte wohl bewandert, selbst in der Bezeichnung des Kaiphas mit den Worten, „der des Jahres Hoherpriester war", woraus Baur schloß, der Verfasser habe gemeint, der jüdische Hohepriester werde alle Jahre neu gewählt, etwa wie in Rom die Konsuln, so unbekannt seien ihm jüdische Verhältnisse, nimmt heute kaum noch jemand Anstoß. Der Umstand, daß diese Bemerkung da gemacht wird, wo von der widerwilligen Weissagung des Kaiphas die Rede ist, zeigt deutlich genug, was Johannes damit will. Es liegt ihm daran, hervorzuheben, daß Kaiphas eben in diesem denkwürdigen Jahre Hoherpriester war.

Aber kann der galiläische Fischer, der geborene Jude ohne gelehrte Bildung, das „Donnerskind", dessen Christentum, so viel wir von ihm wissen, jüdisch gefärbt war, dieses griechische Evangelium geschrieben haben, das nicht bloß hellenisch-philosophische Bildung verrät, sondern auch einen Anti-Judaismus, der noch schärfer ist, als der in den Paulinischen Briefen, ein Evangelium, in dem der Gegensatz gegen das Judentum als ein schon der Vergangenheit angehörender erscheint? Nun, ich sollte meinen, der geborene Jude wäre aus dem Evangelium noch allenthalben heraus zu hören. Ja, die Sprache ist griechisch, aber die Grundlage doch hebräisch, wie Godet sagt, „nur das Gewand ist griechisch, der Leib hebräisch".

IV. Die Evangelien.

So schreibt jemand, dessen Muttersprache und dessen ganze Art zu denken hebräisch ist, der sich dann aber in griechisch sprechender Umgebung das Griechische angeeignet hat, wie es eben bei Johannes thatsächlich der Fall war. Der Verfasser des Evangeliums kennt nicht bloß das alte Testament gründlich und zwar in der Ursprache, seine Anschauung, seine Bilder, seine ganze Darstellungsweise wurzelt überall im alten Testament. Wie kann man weiter eine Schrift antijüdisch nennen, in der das Wort des Herrn sich findet: „Wir (wir Juden) wissen, was wir anbeten, denn das Heil kommt von den Juden" (4, 22) und das andere: „Wenn ihr Mosi glaubtet, so glaubtet ihr auch mir, denn er hat von mir geschrieben" (5, 46), in der es als hohes Lob gilt, ein „rechter Israeliter" zu sein" (1, 47)? Gewiß, der Verfasser des vierten Evangeliums redet ganz objektiv von den Juden und ihrem Gesetz, man fühlt es ihm an, daß er davon innerlich völlig losgelöst ist. Aber ist das denn so unmöglich für einen Apostel etwa zwanzig Jahre nach der Zerstörung Jerusalems, für einen Apostel, der dieses Gottesgericht über das ungläubige Israel erlebt, und der seitdem Jahrzehnte in heidenchristlicher, griechischer Umgebung gelebt hatte? oder ist nicht vielmehr ganz natürlich, daß die vollzogene Loslösung der christlichen Gemeinde vom Judentum sich auch in der damals verfaßten Schrift abspiegelt?

Denn das darf als sicher, ich möchte sagen als urkundlich erwiesen angesehen werden, daß Johannes in den letzten Jahrzehnten des ersten Jahrhunderts in Ephesus gelebt und gewirkt hat. Hier hat sich die Um=

wandlung vollzogen, hier ist das „Donnerskind" (Mark. 3, 17) zum Apostel der Liebe verklärt, wie ihn die Tradition der kleinasiatischen Kirche kennt, die von ihm erzählt, er habe in seinem höchsten Alter nichts anderes mehr in den Gemeindeversammlungen gesprochen, als immer nur das eine Wort: „Kindlein liebet euch unter einander!" Daß er selbst hier noch ein engherziger Judenchrist gewesen sei, ja in den Wirkungskreis des Paulus eingetreten, dessen Arbeit wieder zerstört habe, ist eine Phantasie. Davon weiß die Erinnerung der kleinasiatischen Kirche nichts. Diese schaut vielmehr auf die beiden Apostel Paulus und Johannes als auf ihre Säulen hin und hat von einem Gegensatz zwischen beiden keine Ahnung. Früher berief man sich zum Beweis, daß Johannes ein engherziger Judenchrist gewesen, auf die Offenbarung, die ihn so charakterisiere. Es galt als eine unumstößliche Schlußfolgerung: Wer die Offenbarung geschrieben hat, kann nicht das Evangelium geschrieben haben, nun ist die Offenbarung ein echtes Werk des Johannes, folglich kann er nicht der Verfasser des Evangeliums sein. Diese Position ist längst aufgegeben. Die Gegner des Evangeliums leugnen auch die Abfassung der Offenbarung durch Johannes. Meinesteils halte ich auch diese fest, glaube aber, daß beide Bücher recht wohl denselben Verfasser haben können. Gewiß, sie sind sehr verschieden, aber auch sehr verwandt. Hat doch selbst Baur einmal das Evangelium „die vergeistigte Offenbarung" genannt. Erst durch die Hinzunahme der Offenbarung als Mittelglied gewinnt man einen vollen Einblick in die Entwickelung des Apostels, der aus dem „Donnerskind" der Apostel der Liebe, aus dem einfachen Galiläischen Fischer der Verfasser des „rechten, innigen, zarten Hauptevangeliums" wie Luther es nennt, geworden ist, und ist doch auch hier die einfältige Seele geblieben, die so unendlich reich und doch so unendlich einfach und schlicht wiedergiebt, was sie von der Herrlichkeit des Eingeborenen geschaut hat, ist doch auch hier das „Donnerskind", das keine Vermittelung kennt zwischen Gut und Bös, Licht und Finsternis, Glauben und Unglauben, Gotteskindern und Teufelskindern.

Aber die philosophische Bildung, die sich im vierten Evangelium kund giebt, woher hat Johannes die? Ich gestehe Ihnen offen, daß ich in dem Evangelium keine Zeichen philosophischer Bildung zu erkennen vermag. Nicht philosophische Spekulationen sind es, die uns Johannes im Prolog bietet, sondern theologische Meditationen, und daß er hier einen auch in der alexandrinischen Religionsphilosophie bei Philo vorkommenden Ausdruck (Logos = das Wort) von Christo gebraucht, macht ihn noch nicht zum Philosophen. Er gebraucht den Ausdruck in einem von den Gedanken Philos so völlig abweichenden Sinne, daß eine Entlehnung mindestens unwahrscheinlich ist, zumal sich der Ausdruck auch aus dem alten Testament genügend erklären läßt. Sonst aber enthält das Evangelium nichts von philosophischen Spekulationen. Die Logosidee kehrt nirgends wieder, und da wo Johannes selbst abschließend die Summa zieht (20, 31), sagt er nicht etwa: dieses ist geschrieben, „daß ihr glaubet, Jesus sei der Logos", sondern „Jesus sei der Christ, der

Sohn Gottes", bewegt sich also in denselben Begriffen und Ausdrücken wie die andern Evangelisten.

Damit kommen wir zu dem eigentlich entscheidenden Punkte, er liegt in dem Verhältnis des vierten Evangeliums zu den drei ersten. Die Darstellung der Person, des Lebens und Wirkens Jesu in beiden, sagt man, ist so völlig verschieden, daß nur eine historisch sein kann. Nun ist es ausgemacht, daß das Christusbild der ersten Evangelien im Ganzen und Großen als echt gelten darf, mithin ist der das vierten unecht. Was dieses bietet, ist gar nicht wirkliche Geschichte, sondern ideelle Geschichte, philosophische oder theologische Spekulation im Rahmen einer Geschichte, mithin kann das Buch nicht von einem Augenzeugen herrühren, nicht von dem Apostel Johannes verfaßt sein.

Gewiß, es bedarf nur einer einfachen Vergleichung, um zu sehen, daß das vierte Evangelium, obwohl es in manchen Stücken mit den drei ersten zusammentrifft, doch auch wieder viel eigentümlichen Stoff bietet, Wunder erzählt, Reden des Herrn berichtet, welche die andern Evangelien nicht haben. Aber das, dünkt mich, ist gerade eines der stärksten Zeugnisse für seine Echtheit, dafür daß hier ein Augenzeuge redet, der aus eigener Erinnerung eine Menge neuen Stoffes beibringen konnte. Lassen Sie uns die Sache einmal umkehren und fragen: Wenn hier kein Augenzeuge redet, sondern irgend ein Unbekannter aus dem zweiten Jahrhundert, woher hat denn dieser den reichen Stoff? Aus der mündlichen Überlieferung? Die floß schon zu Anfang des zweiten Jahrhunderts nur noch spärlich. Aus der fortbildenden Sage? Wo ist im zweiten Jahrhundert nur die leiseste Spur davon, daß die Sage solche Geschichten gebildet habe, wie die Hochzeit zu Kana und die Auferweckung des Lazarus? Es bleibt nichts übrig als zu sagen: Er hat das alles erdichtet. Das ist denn auch die von den Gegnern aufgestellte Hypothese, daß das Evangelium gar nicht historische Erinnerungen enthält, sondern aus umgedichteten Berichten der ersten Evangelien oder auch aus ganz freier Erdichtung hervorgegangen ist. Der Verfasser las z. B. im Gleichnis vom reichen Manne und dem armen Lazarus, daß der reiche Mann bittet, Lazarus möge wieder auf die Erde gesandt werden, um seinen Brüdern Buße zu predigen. So kam er auf den Gedanken, den Lazarus wirklich aus dem Grabe wieder kommen zu lassen. Damit verknüpfte er, was Lukas erzählt von dem Schwesternpaar in Bethanien, machte den Lazarus zum Bruder der Martha und Maria und gestaltete so die Geschichte von der Auferweckung des Lazarus. Oder, um ein anderes Beispiel zu geben, es war seine Absicht, Christum als das rechte Passahlamm darzustellen. Um das zu erreichen, ließ er Christum nicht am 15. Nisan, sondern am 14., an dem Tage, an welchem das Passahlamm geschlachtet wird, sterben und erdichtete dazu noch andere kleine Züge, wie den Lanzenstich, die den Zweck haben, Jesum als das Passahlamm zu kennzeichnen. So ist es durchweg, es ist alles ideelle Geschichte, Allegorie. Erst wenn man es so versteht, wird das Evangelium das wahre geistige Evangelium.

Ich sollte meinen, ein Blick in das Evangelium müßte diese Hypothese als unhaltbar erweisen. Denn das sieht man doch gleich), der Verfasser gründet den Glauben auf Thatsachen. Als die Jünger das Zeichen auf der Hochzeit zu Kana sahen, da heißt es, sie glaubten an ihn (2, 11). Dazu erklärt er am Schluß, er habe alle diese Zeichen niedergeschrieben, „daß ihr glaubet, Jesus sei der Christ" (20, 31). Darin sieht er die Spitze des Unglaubens der Juden, daß sie an Jesum nicht glaubten, ob er wohl solche Zeichen vor ihnen that (12, 37). Und nun sollen doch alle diese Zeichen gar nicht geschehen, bloße Erdichtung sein? Kann man denn den Glauben auf erdichtete Zeichen gründen? Wollte man aber etwa sagen, der Verfasser ist zu einem Glauben durchgedrungen, der der sinnlichen Zeichen nicht mehr bedarf, weshalb erdichtet er denn Zeichen für seine Leser, statt ihnen zu sagen, es bedarf gar keiner Zeichen, statt sie auch zu dieser Höhe des Glaubens ohne Zeichen zu erheben? Der Evangelist sieht in manchen kleinen Zügen z. B. dem Lanzenstich statt des Zerbrechens der Beine die Erfüllung alttestamentlicher Weissagung, ist es denn psychologisch denkbar, daß er diese erst erdichtet und dann als Erfüllung der Weissagung hinstellt? Ist es überhaupt denkbar, daß ein Mann, dessen Glauben so ganz und gar an geschichtlichen Realitäten hängt, der in den Thatsachen des Lebens Jesu Heilsthatsachen sieht, mit diesen Thatsachen so willkürlich umgehen, sie abändern, etwas hinzudichten sollte? Mußte er nicht vor einer solchen Verfälschung dessen, worauf sein Glaube ruht, zurückschrecken? Wenn irgend etwas feststeht, so ist es dieses, daß der Verfasser des vierten Evangeliums Geschichte, wirkliche Geschichte geben will und nicht bloße Ideen unter der Hülle einer Geschichte.

Damit stimmt der unmittelbare Eindruck, den das Evangelium bei dem Leser hervorruft. Die Anschaulichkeit der Erzählung, die genauen Orts- und Zeitangaben oft in scheinbar ganz unbedeutenden Sachen, augenscheinlich ohne Absicht gemacht aus der Lebendigkeit eigener Erinnerung heraus, die scharfe Zeichnung der einzelnen Charaktere z. B. der Maria und Martha, einzelner Jünger, des Pilatus u. s. w., die mit wenigen Zügen gezeichnet, so leibhaftig und lebendig vor uns hintreten — das alles macht immer wieder auf Männer der verschiedensten Richtung, auch auf kritisch gerichtete wie Weizsäcker, Schürer, Harnack u. A., den Eindruck: Hier ist Geschichte und keine Dichtung. Selbst Holtzmann urteilt, daß vieles in dem Evangelium aussieht „wie gegen die Idee unfügsame harte und spröde Wirklichkeit der Geschichte."

Aber ist nun nicht, was das vierte Evangelium von Jesu erzählt so verschieden von dem Bericht der drei ersten Evangelien, daß daraus die Ungeschichtlichkeit des ersteren gefolgert werden muß? Gewiß eine Verschiedenheit ist da und zwar auch nicht bloß eine Verschiedenheit in der Auswahl des Stoffes, eine Verschiedenheit auch in der Darstellungsweise, daß ich so sage im Kolorit des Bildes. Aber Verschiedenheit ist noch nicht Widerspruch. Wenn schon das Leben eines bedeutenden Menschen reich genug ist, um von verschiedenen Biographen von verschiedenen Standpunkten aus betrachtet und dargestellt zu werden, wie viel mehr die unendlich reichere Fülle des Lebens Jesu, aus der uns, das wird niemand leugnen können, überhaupt nur weniges überliefert ist.

Werden wir doch annehmen müssen, daß Jesus noch viel mehr geredet und gethan hat, als uns in den Evangelien berichtet wird. Namentlich die Reden in den ersten Evangelien machen oft mehr den Eindruck, als sei nur das Thema der Rede, nicht diese in ihrer ganzen Ausdehnung wiedergegeben.

Je genauer man zusieht, desto mehr Berührungspunkte findet man zwischen den Synoptikern und Johannes. So in den Thatsachen. Johannes erzählt wenig von dem galiläischen Aufenthalt Jesu, aber er kennt recht wohl einen mehrfachen längeren Aufenthalt Jesu in diesen Gegenden; die Synoptiker erzählen nichts von einer früheren Wirksamkeit Jesu in Judäa und Jerusalem, aber Andeutungen derselben finden sich öfter. Jesus hat auch dort Freunde und Anhänger, wie den Eigentümer des Abendmahlssaales und Joseph von Arimathia. Ganz besonders aber ist Gewicht zu legen auf das Wort: „Jerusalem! Jerusalem! wie oft habe ich deine Kinder sammeln wollen, wie eine Henne ihre Küchlein", ein Wort, das augenscheinlich einen öfteren Aufenthalt Jesu in Jerusalem voraussetzt. Die Synoptiker erzählen zwar die Auferweckung des Lazarus nicht, aber Lukas kennt das Schwesternpaar in Bethanien recht wohl, und der mit wenigen Zügen geschilderte Charakter derselben stimmt überraschend zu dem, was Johannes von ihrem Verhalten beim Tode des Bruders erzählt. Ebenso in den Reden. Wie manches Wort bei Johannes erinnert an die populäre Spruchrede Jesu bei den Synoptikern, und nehmen Sie das von Matthäus (11, 27 vgl. Luk. 10, 22) berichtete Wort: „Alle Dinge sind mir übergeben von meinem Vater; und niemand kennt den Sohn denn nur der Vater; und niemand kennt den Vater, denn nur der Sohn und wem es der Sohn will offenbaren", ist das Wort nicht, um es so auszudrücken, ganz Johanneisch gefärbt? Stände es statt bei den Synoptikern bei Johannes, man würde ohne Zweifel dieses Wort auch benutzen, um uns zu beweisen, daß Jesus hier anders redet als dort.

Gehen wir noch einen Schritt weiter. Beide, die Synoptiker und Johannes, berühren einander nicht bloß mannigfach, sie ergänzen einander. Das vierte Evangelium setzt die drei ersten voraus, setzt wenigstens den Stoff voraus, den sie mitteilen. Oder wollte man sagen, was von diesem Stoffe bei Johannes fehlt, das hat er nicht gekannt? Er erzählt auch die Einsetzung des heiligen Abendmahls nicht, hat er die etwa auch nicht gekannt? Es ist wahr, die Synoptiker erzählen vorwiegend die Wirksamkeit des Herrn in Galiläa, Johannes die in Judäa und Jerusalem. Aber schließt denn beides einander aus? Die Katastrophe des Lebens Jesu ist gar nicht zu verstehen einerseits ohne eine längere galiläische Wirksamkeit, andererseits ohne einen öfteren Aufenthalt in Jerusalem. Auch die Thatsache, daß in Jerusalem die erste Christengemeinde entsteht, die Muttergemeinde aller, ist nur zu erklären unter der Voraussetzung, daß der Herr längere Zeit dort gewirkt hat (vgl. auch Apostelgesch. 10, 39). Es ist wahr, die Reden des Herrn bei den Synoptikern tragen einen andern Charakter als die bei Johannes, dort populär, klar und durchsichtig, sprichwortartig, voll treffender Spitzen, hier tief, sinnig, mystisch, aber schwer verständlich, oft mehr als nur für einen engern Kreis gesprochen. Aber schließt denn das Eine das Andere aus? Kann der, der so geredet hat wie bei den Synoptikern, nicht auch so reden wie bei Johannes? Ist der Herr so einseitig oder so arm, daß ihm nicht, wo Verhältnisse und Umstände es fordern, auch eine verschiedene Weise der Rede zu Gebote steht? Die Wirksamkeit des Herrn ist geradezu nicht zu begreifen ohne beide Arten der Rede. Wie bei den Synoptikern, so finden wir auch bei Johannes den Herrn von großen Volkshaufen umgeben, und nichts ist gewisser als daß er auch auf die Menge des Volks einen tiefen Eindruck gemacht hat. Wodurch denn? wie hätte er denn diese Volkshaufen für sich gewinnen und an sich fesseln können, wenn er nur so geredet hätte wie bei Johannes und nicht auch so populär wie bei den Synoptikern? Und andererseits die ganze Fülle von Erkenntniß, die in der apostolischen Kirche lebt, die ganze Tiefe der Anschauung des Göttlichen in Jesu, woher kommt sie denn, wenn der Herr nicht auch so geredet hat wie bei Johannes? Es ist wahr, daß ich auch diesen Unterschied nicht verschweige, so viel Mißbrauch damit getrieben wird, die Synoptiker lassen mehr das Menschliche in Jesu hervortreten, es ist der Menschensohn, der Sohn Davids, den sie uns vor Augen stellen; Johannes dagegen hebt mehr das Göttliche hervor und läßt uns den Gottessohn schauen, den Eingebornen vom Vater voller Gnade und Wahrheit. Aber das ist nicht wahr, daß bei den Synoptikern das Göttliche fehlte oder bei Johannes das Menschliche. Der Menschensohn ist auch in den drei ersten Evangelien der Gottessohn, dem gegeben ist alle Gewalt im Himmel und auf Erden, und der Gottessohn bei Johannes ist doch auch wahrer Mensch, der auf die Hochzeit geht, der im Hause zu Bethanien freundschaftlich verkehrt, der am Grabe des Lazarus weint, ja kaum in einem andern Evangelium fühlen wir so das menschliche Herz Jesu schlagen wie bei Johannes.

Hier stehen wir an dem Punkte, wo im tiefsten Grunde die Entscheidung liegt. Alles andere, sagt Weizsäcker, ist untergeordnet. Aber für unmöglich erklärt er es, daß der Apostel, der neben Jesu zu Tische lag, alles was er einst erlebt, als das Zusammenleben mit dem fleischgewordenen Worte angesehen und dargestellt haben sollte. „Keine Macht des Glaubens und der Philosophie kann groß genug vorgestellt werden, um die Erinnerung des wirklichen Lebens so auszulöschen und dieses Wunderbild eines göttlichen Lebens an die Stelle zu setzen." Aber dann fallen mit dem vierten Evangelium auch die drei andern, die ganze evangelische Geschichte. Denn es ist nicht richtig, daß das in den synoptischen Evangelien enthaltene Christusbild, wie man heute sich auszudrücken liebt, eine andere Höhenlage hätte. Ja, der Johanneische Christus sagt von sich: „Ehe Abraham ward, bin ich" (8, 56), und Johannes stellt ihn dar als den eingebornen Sohn, der von Ewigkeit in des Vaters Schoß war, der vom Himmel auf die Erde gekommen ist. Das sagen die drei ersten Evangelien so nicht. Aber in ihnen verkündigt Jesus seine sichtbare Wiederkunft in Herrlichkeit auf den Wolken des Himmels zum Weltgericht. Daß er das gesagt hat, läßt sich absolut nicht leugnen, nicht bloß die Evangelien, nicht bloß die übrigen neutestamentlichen Schriften, auch die in der alten Kirche so lebendige, sonst gar nicht zu erklärende Hoffnung erheben es über allen Zweifel. Nun dann bleibt keine andere Wahl als entweder ihn für einen Schwärmer sondergleichen zu erklären, oder auch gelten zu lassen, was Johannes von seinem vorzeitlichen Sein beim Vater sagt. Nur der vom Himmel gekommen ist, kann sich als den hinstellen, der auch vom Himmel wieder kommen wird. Beide, Johannes und die Synoptiker, sagen dasselbe, nur jener rückwärts, diese vorwärts schauend. Auch in diesem Stück ergänzen sie einander. Sagen wir getrost noch mehr, sie fordern einander. Hätten wir bloß die drei ersten oder bloß das vierte Evangelium, in jedem dieser beiden Fälle hätten wir nur ein unvollständiges Bild des Herrn. Denken wir einmal, wir besäßen nur das Johannesevangelium, so hätten wir keine klare Anschauung des Lebens Jesu. Wir hätten dann Kunde von einzelnen großen Thaten, aber kein Bild seines täglichen Lebens und Wirkens unter dem Volke. Wir hätten ein erhabenes Bild unsers Herrn, aber das kann man sich nicht verhehlen, es fehlten diesem Bilde die bestimmten Umrisse. Tiefe würde ihm nicht mangeln, aber wohl Klarheit. Denken wir uns umgekehrt, wir besäßen nur die drei ersten Evangelien, so hätten wir ohne Frage ein sehr lebendiges, anschauliches Bild des Herrn, aber es fehlten nicht bloß äußerlich manche Orts- und Zeitangaben, es fehlten nicht bloß viele Höhenpunkte seines Lebens, es fehlte dem Bilde auch, darin hat Schenkel ganz Recht, die unergründliche Tiefe und unerreichbare Höhe;

IV. Die Evangelien.

Jesu Größe könnten wir mehr nur ahnen als anschauen.

Doch ehe ich abschließend noch ein Wort sage über das Verhältnis der vier Evangelien überhaupt zu einander, gestatten Sie mir noch darauf hinzuweisen, in welche Schwierigkeiten sich die verwickeln, die das vierte Evangelium in das zweite Jahrhundert legen. Jedenfalls muß doch der Mann, der im stande war, ein solches Evangelium zu schreiben oder, wenn man will, zu erdichten, ein sehr bedeutender Mann gewesen sein. Wo ist denn nun im zweiten Jahrhundert ein Mann, der dem auch nur im entferntesten, nur annäherungsweise genügte? Man mag das ganze Jahrhundert durchsuchen, wie weit, wie unendlich weit steht alles dahinter zurück. Der Brief des Clemens, der Brief an den Diognet, diese Perle altchristlicher Litteratur, Justins Schriften oder was es sei — es liegt doch eine tiefe Kluft zwischen ihnen und dem Johannesevangelium. Sollte denn ein solcher Mann, der dieses Evangelium schreiben konnte, sich so ganz verloren haben, während uns doch von den so viel unbedeutenderen Schriftstellern Nachrichten geblieben sind? Oder wenn man, wie heute manche, annimmt, ein Schüler des Johannes habe es verfaßt, stände dann nicht der Schüler über dem Meister? Man darf wohl sagen: Alle Schwierigkeiten, die gegen die Echtheit des Evangeliums geltend gemacht sind, sind gering im Vergleich gegen die Schwierigkeit, in die man gerät, wenn man die Echtheit leugnet und dann das Evangelium im zweiten Jahrhundert unterbringen muß. In dieser Beziehung wird es genügen, das Urteil Ritschls anzuführen, der

Das Verhältnis der vier Evangelien zu einander. 149

doch gewiß als unbefangen gelten darf. Dieser bezeugt, er halte das Evangelium für echt unter anderm auch deshalb, „weil die Leugnung seiner Echtheit weit größere Schwierigkeiten biete als die Anerkennung."

Und nun, wie schon angekündigt, noch ein Wort über das Verhältnis der vier Evangelien überhaupt zu einander. Es gehört zur Taktik der Gegner, möglichst viel Widersprüche zwischen den Evangelien aufzusuchen, um damit ihre Unglaubwürdigkeit zu beweisen. Man thut, als hätte man in ihnen protokollarische Aufzeichnungen über das Leben Jesu vor sich, unterwirft sie dann einem kriminalistischen Verhör und jeder Widerspruch, den man mit Kreuz- und Querfragen herausgebracht hat, muß dazu dienen, die Unglaubwürdigkeit des einen oder am Ende konsequenterweise aller vier darzuthun. Dabei geht man aber von einer ganz falschen Anschauung aus.

Was ich meine, will ich versuchen an einem Gleichnisse klar zu machen. Es ist ein großer Unterschied zwischen einer Photographie und einem Gemälde. Eine Photographie ist nur ein Abdruck der Wirklichkeit, von einer toten Maschine gemacht, darum in gewissem Sinne selbst tot. Ein Gemälde ist eine lebendige Reproduktion; das Bild ist durch den Künstler hindurchgegangen, er hat es in sich aufgenommen, in sich verarbeitet und giebt nun wieder was er geschaut. Vier Photographien einer Person müssen bis ins Kleinste mit einander übereinstimmen; weicht eine ab, so ist sie falsch. Denken wir uns aber vier Gemälde einer Person, von vier verschiedenen Künstlern gemalt, so werden wir vier Bilder vor uns haben, von denen zwar keines mit dem andern in jedem Striche übereinstimmt, von denen vielmehr das eine diese, das andere eine andere Seite der Person hervorhebt, und die doch alle vier echte und wahre Bilder derselben sind, ja die alle vier zusammen erst das volle Bild geben.

Ich meine nicht, daß dieses Gleichnis nach allen Seiten hin zutrifft, es wird auch an dem allgemeinen Fehler aller Gleichnisse leiden; aber ich denke doch, es wird klar machen, was ich meine. Die Evangelien sind nicht vier Photographien, dann hätten die Recht, die aus jedem abweichenden Zuge ihre Unechtheit und Un= geschichtlichkeit beweisen zu können meinen. Sie sind vielmehr vier lebendige Reproduktionen des Bildes Jesu. Nicht eine tote Maschine hat uns einen Abdruck des Bildes Jesu gegeben, sondern lebendige Menschen haben uns erzählt, was sie gehört und gesehen von dem Worte des Lebens. Diese Menschen sind ihrer Eigentümlichkeit nach verschieden, und wenn der heilige Geist, der in ihnen wirkte, auch diese Eigentümlichkeit gereinigt hat, so hat er sie doch nicht unterdrückt. Matthäus ist Matthäus geblieben und Johannes Johannes. Je nach ihrer Eigentümlichkeit reflektiert sich nun auch in ihnen das Bild des Herrn, und weil kein Mensch es vermag, die ganze Fülle des Lebens, das in Jesu Christo ist, in sich aufzunehmen und wiederzugeben, darum hat die Vorsehung, die über der Kirche waltete, ihr nicht Ein Evangelium gegeben, sondern vier, oder daß ich richtiger mit der alten Kirche rede, das Eine Evangelium in vier= facher Gestalt.

Das Verhältnis der vier Evangelien zu einander. 151

Die Kirche bedurfte zu ihrem Leben eines echten Bildes ihres Herrn. Ohne dieses hätte sie weder entstehen noch bestehen können. Leugnen, daß sie ein solches gehabt hat und noch hat, heißt einfach das Christentum leugnen. In der apostolischen Zeit besaß sie ein solches in der allgemeinen mündlichen Überlieferung und in den persönlichen vorerwählten Zeugen, die mit Jesu waren aus- und eingegangen. Sollte sie bestehen bleiben, so mußte dafür Sorge getragen werden, daß ihr blieb, was sie in der apostolischen Zeit besaß, und wir haben es wirklich in unsern vier Evangelien. In den synoptischen Evangelien zunächst haben wir den treuen Abdruck der mündlichen Überlieferung, wir haben in ihnen vor uns, was damals in den Gemeinden erzählt wurde, was die Evangelisten erzählten auf Missionsreisen und in den Gottesdiensten der Gemeinde; am einfachsten im Markusevangelium, im Matthäus so, daß die Reden des Herrn besonders hervortreten, während Lukas schon den Übergang bildet vom Evangelisten zum Geschichtsschreiber. Seine Aufgabe ist zu sammeln, ehe mit der fortschreitenden Zeit die mündliche Überlieferung abstirbt. Und wenn die apostolische Kirche aus zwei großen Teilen bestand, Christen aus den Juden und Christen aus den Heiden umfassend, wenn naturgemäß ein gewesener Jude Christum anders anschauen mußte als ein gewesener Heide, so haben wir auch diesen Unterschied in unsern Evangelien vor uns, im Matthäusevangelium sein Bild, wie es sich einem Judenchristen darstellte, der in Jesu vor allem die Erfüllung der alttestamentlichen Weissagungen sah, im Lukasevangelium dagegen sein Bild, wie es sich in einem Heidenchristen reflektierte als das Bild des andern Adam, damit wir so sein Bild hätten als das Bild dessen, der beides der Heiden Licht und Israels Preis sein sollte. Zu dem allem kommt dann noch das vierte Evangelium hinzu, nicht ein Abdruck der Tradition, sondern das Werk eines einzelnen Mannes, desjenigen unter den Jüngern, der an des Herrn Brust gelegen, der am tiefsten hineingeschaut hatte in die Tiefen seines Wesens und deshalb sein Bild uns wiedergeben konnte als das Bild des eingebornen Gottessohnes, dessen Herrlichkeit er geschaut hatte.

Damit aber, daß sie so das eine Evangelium vier=
gestaltig besitzt, entsteht für die Kirche die große Aufgabe, die vier Bilder, die doch nur eines sind, in eins zu schauen, um so erst das ganze und volle Bild ihres Herrn zu gewinnen. Soll ich sagen, daß diese Aufgabe schon gelöst ist? Nein! und Ja! beides. Nein! es ist eine Aufgabe, an deren Lösung die Kirche nicht in ihrer Wissenschaft allein, sondern in ihrem ganzen Leben fort und fort zu arbeiten hat, immer völliger zu erkennen die Fülle der Gnade und des Lebens, die in Christo Jesu ist. Ist doch die Aufgabe nicht damit zu lösen, daß man alle Züge seines Bildes zusammen addiert, äußerlich zusammenstellt, was er gesagt und gethan hat. So läßt sich nicht einmal das Bild eines gewöhnlichen Menschen gewinnen, geschweige denn das Bild Christi. Vielmehr ist die Aufgabe eine sittliche, denn nur die ihm ihr Herz erschließen und sein Leben in sich auf= nehmen, die können ihn erkennen, und in dem Maße nur, in welchem sein Leben in seine Kirche sich ergießt

Schlußwort.

und in ihr Gestalt gewinnt, in dem Maße nur ist jene Aufgabe zu lösen.

Und doch Ja! es löst diese Aufgabe täglich jede einfältige Christenseele, die ohne Gelehrsamkeit und Wissenschaft im Glauben die Evangelien liest und schaut in allen vieren dasselbe Bild dessen, der auch ihr Leben ist und in ihr Gestalt gewonnen hat, das echte geschichtliche Bild dessen, der unter uns gewohnt hat und gewirkt, eine geschichtliche Person, und doch über aller Zeit erhaben, gestern und heute und derselbige in Ewigkeit.

V.
Die Wunder.

Bei unsern Betrachtungen über die Glaubwürdigkeit der Evangelien (Seite 108 ff.) ließen wir die Wunderfrage vorläufig noch ganz bei Seite, und zu dem Ergebnis, daß wir in den neutestamentlichen Schriften, namentlich den Evangelien, wirklich glaubwürdige Nachrichten über das Leben Jesu besitzen, sind wir nur unter der einstweiligen Voraussetzung gelangt, daß nicht schon das Vorkommen von Wunderberichten in denselben sie als unglaubwürdig kennzeichnet, mit anderen Worten unter der Voraussetzung, daß es Wunder giebt. Heute soll uns nun die Frage beschäftigen, ob diese Voraussetzung richtig war, die Frage nach dem Wunder.

Damit kommen wir an die eigentlich brennende Frage der Gegenwart, wie ich sie als solche schon zu Eingang meines ersten Vortrags charakterisierte. Das Wunder ist für so viele das große Hindernis, der Stein des Anstoßes, über den sie nicht hinwegkommen können. Wenn nur die Wunder nicht wären, heißt es, den übrigen Inhalt der Bibel wollten wir wohl annehmen. Aber an die Wunder zu glauben, das ist bei dem jetzigen Stande der Wissenschaften, namentlich der Naturwissenschaften nicht

Die Bedeutung der Wunderfrage. 155

mehr möglich. Und lieber lassen sie allen Glauben fahren, als daß sie sich entschließen könnten, Wunder zu glauben.

Umgehen läßt sich diese Schwierigkeit nicht. Die Wunder sind einmal aus der Bibel nicht wegzuschaffen, weder durch natürliche Auslegung, noch durch bildliche Ausbeutung. Es hilft auch nichts, hie und da etwas abzubingen, ein oder das andere Wunder ganz zu beseitigen oder das Wunderbare daran weniger wunderbar zu fassen. Denn das kleinste Wunder (wenn überhaupt der Unterschied von klein und groß hier zulässig ist) ist zuletzt ebenso unbegreiflich wie das größte. Vergeblich ist auch der Versuch, die Wunder abzutrennen, sie gleichsam als taubes Gestein loszulösen und nur festzuhalten, was dann übrig bleibt, denn das ganze Christentum beruht zuletzt auf dem Wunder der Erscheinung Christi, und wer die Wunder verwirft, muß auch die Grundthatsachen des Christentums, die Hauptartikel des christlichen Glaubens verwerfen. Mehr noch, er muß alle Offenbarung verwerfen, denn Offenbarung und Wunder gehören unzertrennlich zusammen. Die Offenbarung selbst, das Wort im eigentlichen Sinne genommen, ist ein Wunder. Und wenn sich jemand dann etwa damit trösten wollte, es bleibe ihm ja die natürliche Religion, so beruht auch der Trost zuletzt auf Täuschung. Sprechen wir es offen aus: Wer die Wunder leugnet, der hat keinen Gott mehr. Er mag immerhin, wenn auch nur aus instinktmäßiger Furcht vor dem Atheismus, festhalten, daß es einen Gott giebt, das ist dann nur noch ein totes Wort, ein Name, denn dieser Gott steht nicht mehr in lebendiger Beziehung zur Welt, er ist nicht mehr unser Gott, man hat von ihm weder etwas zu hoffen noch zu fürchten. Gebet ist dann nicht mehr möglich, denn alles Beten ruht auf der Überzeugung, daß Gott thun kann und will, was wir bitten. Thut Gott aber keine Wunder und kann er sie nicht thun, oder mit anderen Worten greift er nirgend mehr hinein in diese Welt, ist sie ihm verschlossen, leidet das der Naturzusammenhang nicht, ist alles was geschieht nur eine ununterbrochene Kette von endlichen Ursachen und Wirkungen, dann beruht das Gebet auf einer Täuschung, und diese Täuschung wird über kurz oder lang dem Menschen offenbar werden müssen, es sei denn, daß er sich selbst vor dieser Konsequenz seines Denkens scheute.

Machen wir uns von vornherein die ganze Tragweite dieser Frage klar. Strauß hat ganz recht, wenn er die Wunderfrage als die Existenzfrage des Christentums behandelt. Wer das Wunder wegschafft, der schafft nicht bloß, wie er sagt, die Pfaffen aus der Kirche, der schafft die Kirche selbst weg und das Christentum und den lebendigen Gott dazu. Ich sage das nicht, um Ihnen Furcht einzuflößen, Sie durch Furcht vor dem Umsturz alles dessen, woran wir von Kindheit auf gewöhnt sind, bei dem s. g. Wunderwahn festzuhalten. Was sollte das helfen? Für das Leben hätte das ja doch keine Bedeutung und keinen Segen. Ist es ein Wahn, so thue man ihn ab, unbekümmert darum, was mit fällt. Es kann dann nur von Segen sein, ob auch manchem ängstlichen Menschen das Herz darüber bräche, denn die Wahrheit bringt immer Segen. Ich sage es nur, damit Sie sehen, um was es sich handelt, und

Der Begriff des Wunders.

vor der unseligen und im Grunde auch unwahren Halb=
heit derer zu warnen, die da meinen, den vermeintlichen
Forderungen der Wissenschaft das Wunder opfern zu
können, ohne das Christentum selbst mit zu opfern.

Wunder — was ist denn ein Wunder? Lassen Sie
uns zunächst den Begriff des Wunders feststellen, denn
nicht alles was wir wohl Wunder nennen, ist schon ein
Wunder in dem Sinne, in welchem wir hier von
Wundern reden. Wir pflegen das Wort Wunder in sehr
weitem Sinne zu gebrauchen und müssen daher allerlei
ausscheiden, ehe wir zu dem Wunder im eigentlichen
Sinne kommen.

Wenn die Saat auf dem Felde keimt und aus dem
Samenkorn die Pflanze aufwächst, so nennen wir das auch
wohl ein Wunder. Wir reden von den Wundern Gottes
in der Natur. Wir dürfen so reden, denn das alles
geschieht ja nicht ohne Gott, er hat die Kräfte, die da
wirken, geschaffen, er hat die Gesetze, die da walten, ge=
geben. Aber das ist klar, ein Wunder im eigentlichen
Sinne haben wir da nicht vor uns, denn es sind lauter
natürliche Ursachen, die da wirken, das Keimen und
Wachsen der Saat geschieht aus natürlichen Kräften nach
den der Natur innewohnenden Gesetzen ohne das Eingreifen
einer übernatürlichen Ursache. Dabei trägt es auch
nichts aus, ob uns die Kräfte und Gesetze der Natur,
die da walten, schon bekannt sind oder noch unbekannt.
Denn auch wo in der Natur Dinge geschehen, Wirkun=
gen hervorgebracht werden, die wir aus den uns be=
kannten Kräften und Gesetzen noch nicht zu erklären
vermögen, da mögen wir zwar sagen, es ist das für

uns ein Wunder, es ist aber nicht an sich ein Wunder. Sobald uns eine weitergehende Forschung zur Erkenntnis jener Kräfte und Gesetze führt, hört das Wunder auf Wunder zu sein. Wir haben es also auch hier nur uneigentlich mit Wundern zu thun.

Anders dagegen steht es schon mit Ereignissen, die zwar auch nur das Ergebnis natürlicher Ursachen sind, aber darin, daß diese natürlichen Ursachen gerade so zusammentreffen, daß eben dieses und kein anderes Ergebnis herauskommt, müssen wir Gottes Hand, Gottes spezielle Leitung und Vorsehung erkennen. Hier können wir wirklich schon von einem Wunder reden. Lassen Sie mich als Beispiel eine Geschichte aus dem Leben A. H. Franckes, des Stifters des Halleschen Waisenhauses, gebrauchen. Eines Tages, während das Waisenhaus gebaut wurde, kam sein Rechnungsführer und forderte eine bestimmte Summe, die sofort bezahlt sein mußte. Franckes Kasse war leer; er ging in seine Kammer und wandte sich im Gebet zu Gott, und siehe da! als er eben aus seiner Kammer wieder heraus trat, wurde ein Brief gebracht, in dem die nötige Summe lag. Hier haben wir lauter endliche Ursachen, aber in dem Zusammentreffen derselben zu dem Ergebnis, daß gerade in dem Augenblick in Erhörung des Gebetes das Geld gebracht wird, eine Fügung der speziellsten göttlichen Vorsehung, ein Eingreifen Gottes, der zwar nicht das Geld in übernatürlicher Weise schafft, aber alles so leitet, daß es in dem Augenblicke da ist, damit Franckes Gebet erhört werde. Es ist mithin schon ein Eingreifen Gottes da, ein Wunder der gött=

lichen Leitung, ein Vorsehungswunder, aber noch nicht ein Wunder im engsten Sinne.

Ein Wunder im eigentlichen Sinne haben wir erst da, wo etwas geschieht, was nicht geschehen wäre, wenn die Naturgesetze für sich gewaltet hätten, was nur geschieht auf Grund eines besondern Eingreifen Gottes. So, um nur einige Beispiele zu nennen, in denen der Wundercharakter des Ereignisses unmittelbar in die Augen springt, wenn der Herr das Wasser in Wein verwandelt, das Brot in der Wüste vermehrt, einen Toten auferweckt. Das sind Wunder im eigentlichsten und engsten Sinne, und mit denen zunächst haben wir es hier zu thun.

Alle gegen das Vorkommen von Wundern angeführten Gründe lassen sich nun auf zwei zurückführen, einen geschichtlichen und einen philosophischen, aus dem vernünftigen Denken hergenommenen. Man sagt nämlich einmal, das wirkliche Vorkommen von Wundern sei nicht geschichtlich nachweisbar, und sodann, es sei nicht denkbar, nicht mit dem vernünftigen Denken zu vereinigen. Beide Gründe stützen einander, und man ist in einiger Verlegenheit, wo man die Sache angreifen soll. Sucht man die Wunder geschichtlich nachzuweisen, so heißt es: Alle Berichte über geschehene Wunder sind von vornherein unglaubwürdig, denn Wunder sind undenkbar; greift man die Sache beim andern Ende an und sucht ihre Berechtigung in der Idee, im Denken nachzuweisen, so heißt es: Was hilft das alles? sie mögen immerhin als möglich denkbar sein, aber ihr wirkliches Vorkommen ist nicht konstatiert, nicht geschichtlich nachgewiesen.

Nun bei einem Ende muß die Sache doch angegriffen

160 V. Die Wunder.

sein. Fangen wir denn mit dem geschichtlichen Nachweise an. Es ist das an sich der richtigste Weg, denn statt sich allerlei Gedanken zu machen über Möglichkeit oder Nichtmöglichkeit, thut man ohne Frage besser, den Thatsachen mit seinem Denken nachzugehen. Es ist das auch der Weg, den uns die Gegner weisen, die ausdrücklich behaupten, sie leugneten nicht die Möglichkeit der Wunder, sondern nur ihr wirkliches Vorkommen. „Es geschieht nicht im Namen dieser oder jener Philosophie", sagt Renan, „es geschieht im Namen einer konstanten Erfahrung, daß wir das Wunder aus der Geschichte verbannen. Wir sagen nicht: ‚Das Wunder ist unmöglich', sondern: ‚Es ist bis jetzt kein Wunder konstatiert'". Sehen wir denn zu, ob sich nicht doch irgendwo Wunder sicher geschichtlich nachweisen lassen.

Dabei müssen wir jedoch die Forderungen, welche Renan für einen solchen Nachweis stellt, aufs entschiedenste ablehnen. Er sagt: „Wenn morgen ein Wunderthäter käme und sich anböte, ich will annehmen, einen Toten zu erwecken, was würde man thun? Es müßte eine Kommission aus Physiologen, Ärzten, Chemikern und Männern, die in geschichtlicher Kritik geübt sind, ernannt werden. Diese hätte den Leichnam auszuwählen, sich zu überzeugen, daß er wirklich tot sei, den Saal zu bezeichnen, in dem das Experiment vor sich gehen solle, das ganze System von Vorsichtsmaßregeln anzuordnen, die nötig wären, jeden Zweifel zu entfernen. Wenn unter solchen Umständen die Erweckung des Toten geschähe, dann wäre eine Wahrscheinlichkeit da, und wenn dann der Wunderthäter das Experiment an andern Leichen unter andern Umständen vor andern Personen einige Male wiederholte, dann dürfte man ein Wunder als erwiesen ansehen." Wären diese Forderungen berechtigt, dann freilich wären wir von vornherein geschlagen, denn eine solche Kommission Pariser Akademiker hat nun einmal in Judäa nicht existiert, und des Herrn Wunder sind auch etwas anders gewesen als solche Experimente auf Verlangen vor einer Kommission gemacht. Allein die Forderungen sind auch durchaus unberechtigt. Was würde ein Historiker sagen, wenn man von ihm verlangte, er sollte die erzählten Thatsachen so beweisen? Dann streichen Sie die ganze Geschichte aus, es ist keine Thatsache, die so zu beweisen wäre. Schon Lessing hat darauf hingewiesen, daß man doch die Geschichtlichkeit einer von ehrlichen Geschichtsschreibern uns berichteten Schlacht und ihres Ausgangs nicht bezweifelt, auch wenn die Aussagen von Augenzeugen über das, was sie in großer Erregung geschaut, zu unauflöslichen Widersprüchen führen. „Wenn nun Livius und Polybius so frank und edel von uns behandelt werden, warum denn nicht auch Matthäus und Markus und Lukas und Johannes?" Wir betrachten die Wunder zunächst als geschichtliche Thatsache, und mehr kann man nicht fordern, als daß wir sie beweisen wie jede andere geschichtliche Thatsache durch unverdächtige Zeugen, die die Wahrheit sagen können und wollen. Wer mehr fordert als einen einfachen geschichtlichen Beweis, der giebt zu verstehen, daß er auf dem Standpunkte steht, den das Wort Voltaires bezeichnet, der einmal sagt, er würde ein Wunder nicht glauben und wenn es auf offenem Markte vor

V. Die Wunder.

seinen Augen geschähe, mit andern Worten, daß er nun einmal Wunder schlechthin nicht glauben will.

Für den Nachweis des geschichtlichen Vorkommens von Wundern dürfen wir uns freilich jetzt nicht sofort auf die Evangelien berufen, denn erinnern wir uns, wir haben die Glaubwürdigkeit derselben nur unter der Voraussetzung dargethan, daß es Wunder giebt, und dürfen deshalb jetzt nicht umgekehrt ihre Glaubwürdigkeit voraussetzen, um aus ihnen die Wunder zu beweisen. Wir würden uns sonst nur im Kreise herumdrehen. Gehen wir auch hier von den unbestrittenen Briefen des Paulus aus, an denen wir ein unanfechtbares geschichtliches Dokument haben.

Aus diesem ergiebt sich als Thatsache, daß der Apostel Paulus überzeugt war, es kämen damals in der christlichen Gemeinde Wunder vor, denn unter den Gaben des heil. Geistes nennt er (1 Kor. 12, 9) ausdrücklich die Gabe der Heilung, die Gabe Kranke wunderbar zu heilen. Ja, er war überzeugt, selbst die Gabe der Wunder zu besitzen. Er beruft sich (2 Kor. 12, 12) darauf als auf ein Zeichen seines Apostelamts. Paulus sagt dort: „Es sind eines Apostels Zeichen unter euch geschehen mit aller Geduld, mit Zeichen und mit Wundern und mit Thaten". Sagen Sie nun, dieser Überzeugung des Apostels liegt keine Wirklichkeit zu Grunde, er hat nicht wirklich Wunder gethan, so bleibt ihnen nur die Alternative, ihn für einen Schwärmer oder Betrüger zu halten. Ja, im Grunde bleibt ihnen nicht einmal die erste Alternative; ohne einen schweren sittlichen Makel geht es in keinem Falle ab.

Denn beachten Sie wohl, es handelt sich um Wunder, die Paulus selbst gethan haben will. Es ist ein anderes fremde Wunder kritiklos hinnehmen, und ein anderes, sich feierlich auf eigene Wunder berufen. Das letztere ist, falls die Wunder nicht wirklich geschehen sind, ein Zeichen eines großen Mangels an Selbstkritik, es ist Selbstüberhebung der schlimmsten Art. So etwas bei Paulus anzunehmen ist psychologisch und geschichtlich, ist zuletzt sittlich unmöglich. Ich will gar nicht davon reden, daß der Apostel nicht bloß ergebene Freunde um sich hatte, die in ihrer Begeisterung für ihn alles für möglich hielten. Gerade in Korinth hatte er die erbittertsten Feinde, und eben diesen gegenüber beruft er sich mit vollster Ruhe und größter Sicherheit auf die Wunder, die er in ihrer Mitte gethan hat. Es ist leicht gesagt: er hat sich selbst getäuscht, dann aber versuchen Sie doch einmal den Charakter des Paulus, wie er in seinen Briefen so offen vor uns liegt, psychologisch zu begreifen. Sonst ein Mann vom schärfsten Verstande, nüchtern, wahr, demütig und in diesem einen Punkte beschränkt, von Wahn beherrscht, was schlimmer ist, unglaublich hochmütig und sich selbst überhebend? Ist das zu fassen? Dann versuchen Sie es doch einmal, seine ganze Wirksamkeit zu begreifen. Glauben Sie, daß Wahn und Lüge so große und nicht große bloß, so segensreiche Dinge in der Welt ausrichtet (wir selber stehen ja nach 1800 Jahren inmitten dieses Segens, den die Wirksamkeit des Paulus über unsern Weltteil gebracht hat), glauben Sie das, nun gut, dann will ich kein Wort weiter verlieren. Glauben Sie aber, wie Sie auch sonst die Welt ansehen mögen, daß in ihr sittliche Mächte herrschen, daß Wahn und Lüge wohl hie und da einen kurzen Triumph feiern, aber zuletzt doch von der Wahrheit gerichtet werden, so müssen Sie mir zugestehen, daß hier kein Wahn und Betrug sein kann, sondern Wahrheit, geschichtliche Thatsachen.

Man erwidert aber vielleicht, die Angaben des Apostels Paulus seien zu unbestimmt. Es sei nur von Wundern überhaupt die Rede, kein einziges werde bestimmt genannt und erzählt. Ist denn nicht irgend ein ganz bestimmtes Wunder geschichtlich nachweisbar? Ich antworte getrost: Ja! das größte von allen, das **Wunder der Auferstehung Jesu**. Das ist offenbar, sollte es uns gelingen, dieses als geschichtlich feststehend darzuthun, so wäre allen Anforderungen genügt. Über diese für das Christentum grundlegende Thatsache hat sich denn auch in neuerer Zeit eine lebhafte Verhandlung erhoben. Es ist von der einen Seite alles aufgeboten, sie wegzuschaffen, von der andern, sie zu schützen.

Gehen wir auch da von einer Thatsache aus, die von keiner Seite bezweifelt ist, auch vernünftigerweise nicht bezweifelt werden kann, ich meine die Thatsache, daß die Jünger und die ältesten Christen glaubten, und zwar mit der vollsten Überzeugung glaubten, Jesus, der gestorbene Jesus, sei von den Toten wieder auferstanden. Auf diesem Glauben ruht die ganze Kirche, durch diesen Glauben wurden die Jünger aus tiefster Niedergeschlagenheit wieder aufgerichtet, dieser Glaube ist der Inhalt ihrer Predigt, er tritt uns mit vollster Sicherheit in allen Dokumenten der Zeit entgegen. Damit ist nun freilich noch nicht erwiesen, daß diesem Glauben auch die Thatsache der Auferstehung entspricht, es kann ja möglicherweise der Glaube da sein ohne die entsprechende Wirklichkeit, er kann auf Täuschung beruhen. Aber jedenfalls ist der Glaube an die Auferstehung Jesu eine Thatsache und zwar eine Thatsache von der größten, von welthistorischer Bedeutung, die man also nicht ohne Erklärung umgehen kann, will man überhaupt die Geschichte unsers Geschlechts begreifen. Wer es nun ablehnt, diese Thatsache einfach so zu erklären, „die Jünger glaubten, Jesus sei auferstanden, weil er wirklich auferstanden war", der übernimmt damit die Aufgabe, uns zu erklären, wie dieser Glaube auch ohne die wirkliche Auferstehung entstehen und festgehalten werden konnte.

Da darf ich nun wohl eine Art der Erklärung als beseitigt und verschollen ansehen, nämlich die Annahme, Jesus sei nur scheintot gewesen, aus einer todesähnlichen Ohnmacht wieder zu sich gekommen, und so hätten die Jünger geglaubt, er sei auferstanden. Diese Ansicht des alten Rationalismus, wenn sie auch vielleicht hie und da als Überbleibsel vergangener Zeiten sich noch finden mag, bedarf einer Widerlegung nicht mehr. Die heute herrschende Ansicht ist vielmehr die, daß dem Glauben der Jünger nur Visionen, innerliche Gesichte zu Grunde liegen und zwar gehen dabei die Ansichten insofern auseinander, als die einen nur subjektive, in den Jüngern selbst entstandene und also lediglich psychologisch zu erklärende, die anderen objektive, d. h. von Gott oder von dem lebendigen, erhöhten Christus selbst gewirkte Visionen annehmen.

Erwägen wir, ob diese Annahme ausreicht, und gehen wir dabei zunächst von der Annahme bloß subjektiver Visionen aus, so ist es schon überaus schwierig, sich vorstellig zu machen, wie dieselben bei den Jüngern in ihrer damaligen Lage entstehen konnten. Man hat sich viel Mühe gegeben, die Entstehung solcher Visionen zu erklären. Man redet von einer „exstatischen Atmosphäre" des Orients und besonders Syriens, von einer persönlichen Disposition der Jünger zum visionären Schauen, man weist auf die furchtbare Erregung hin, in welche die Jünger durch die Katastrophe von Golgatha versetzt waren, die ihnen alle ihre Hoffnungen zu zerstören drohte, während doch andererseits der Eindruck, den sie von der Person des Herrn während ihres Umgangs mit ihm empfangen hatten, fortlebte, ja sich in der Erinnerung noch steigerte zu der festen Überzeugung, dieser Jesus kann nicht so seinen Feinden erlegen, kann nicht so untergegangen sein, und eine „brennende Sehnsucht" nach ihm hervorrief; man nimmt hinzu die Erinnerung an alttestamentliche Aussprüche, auch wohl etwas Aberglauben, daß die Jünger ein Wiederkommen aus dem Grabe für möglich gehalten, wie Herodes glaubte, Johannes der Täufer sei von den Toten auferstanden: und das alles soll sich dann bei den Jüngern zuletzt bis zum visionären Schauen gesteigert haben. Aber diese ganze Schilderung stimmt doch recht wenig zu dem, was wir sonst von den Jüngern wissen. Überall treten sie uns sonst als sehr nüchterne Leute entgegen, von der „geistigen Gährung", in der sie sich befunden haben sollen, von der „brennenden Sehnsucht", ist nichts zu spüren, viel-

Subjektive Visionen. 167

mehr stimmen alle Berichte darin überein, daß sich tiefste Niedergeschlagenheit ihrer bemächtigt hatte, eine Stimmung, aus der sonst Visionen nicht hervorzugehen pflegen.

Noch schwieriger wird es, sich vorstellig zu machen, daß nicht bloß einzelne solche Visionen haben, sondern viele, 500 Brüder auf einmal, den Auferstandenen zu sehen glauben (1 Kor. 15, 6). Man beruft sich auf die ansteckende Macht solcher visionären Zustände, und es ist ja richtig, daß derartiges auch sonst beobachtet ist. Aber man kommt auf diese Weise doch zu einem seltsamen Bilde von der ältesten Gemeinde, als wäre sie so ein Haufe von nervös überspannten Enthusiasten gewesen, dem was uns geschichtlich überliefert ist zuwider. Dazu kommt noch ein sehr wichtiges Moment. Es ist ein Grundzug in den Auferstehungsberichten, daß die Jünger den ihnen erscheinenden Herrn zuerst nicht erkennen, daß es ihnen schwer wird zu glauben, er ist es selbst, den sie sehen. Das kann unmöglich erst später eingetragen sein, ist aber mit der Annahme eines visionären Schauens schlechthin unvereinbar. Denn weil das Bild, welches er schaut, im Innern des Visionärs selbst entsteht, ist er ja desselben von vornherein gewiß, und jeder Zweifel, weil mit dem visionären Schauen selbst in Widerspruch, ausgeschlossen.

Doch wenn man das alles noch erklärlich finden wollte, eins bleibt völlig unerklärbar, das ist das plötzliche Aufhören der Visionen, die Beschränkung derselben auf einen verhältnismäßig kurzen Zeitraum. Diese Beschränkung ist durch die Aussage des Apostels Paulus 1 Kor. 15 verbürgt. Denn dort kennzeichnet er die ihm gewordene Erscheinung des Auferstandenen als etwas Außerordentliches, mit seiner Berufung zum Heidenapostel in Verbindung Stehendes, und verbürgt uns damit, daß sonst Erscheinungen des Auferstandenen, wie sie in der ersten Zeit nach dem Tode Christi vorgekommen waren, in der Gemeinde nicht mehr vorkamen. Zwar ausdrücklich als „Gesichte" bezeichnete Visionen kommen vor, aber Erscheinungen, wie sie Petrus und die anderen Jünger erlebt hatten, nicht mehr. Nun ist es aber eine feststehende Erfahrung, daß visionäre Zustände, wenn sie einmal in einem bestimmten Kreise auftreten, sich fortwährend steigern und zuletzt in wilden Enthusiasmus ausarten. Waren die Erscheinungen des Auferstandenen bloße subjektive Visionen, wie ist es zu erklären, daß sie im Gegenteil nur kurze Zeit dauern und plötzlich aufhören? Hier stehen wir vor einem völlig unlösbaren Rätsel.

Diese Erwägung ist denn auch für Keim so entscheidend gewesen, daß er die Hypothese bloß subjektiver Visionen aufgiebt und vielmehr objektive, d. h. von Gott selbst oder von Christus selbst gewirkte Visionen annimmt, und diese Ansicht darf jetzt wohl als die am weitesten verbreitete angesehen werden. Machen wir uns zunächst klar, daß damit die Position eine ganz andere geworden ist. Wir haben jetzt, das wollen wir gern anerkennen, ein wirkliches Wunder, zwar kein äußerliches, aber ein im Innern der Jünger sich vollziehendes Wunder, eine Gottesthat, oder je nachdem man die Visionen auf eine Wirkung Gottes oder des erhöhten Christus zurückführt, eine Selbstoffenbarung des lebendigen Christus, die es uns verbürgt, daß er nicht im Tode geblieben ist, sondern lebt. Das ist ein Großes, und nichts liegt mir ferner als denen, die so stehen, den Glauben an den lebendigen Christus abzusprechen. Aber freilich eine leibhaftige Auferstehung Christi aus dem Grabe ist das nicht. Man kann dann wohl predigen: Christus lebt! aber nicht mehr: Er ist wahrhaftig auferstanden! Das kann ich meinesteils doch nur als eine bedenkliche Abschwächung des christlichen Glaubens beurteilen, die bei dem Einzelnen vielleicht mit einem nichtsdestoweniger kräftigen Christenleben vereinbar sein mag (darüber urteile ich nicht), für die Kirche aber folgerichtig zur Untergrabung des Grundes führt, auf dem sie ruht, denn sie ruht auf der Gewißheit, daß Christus nicht bloß lebt, sondern auferstanden ist von den Toten.

Sehen wir nun, ob diese Position haltbar ist. Gewiß, die bisher gegen die Visionshypothese erhobenen Bedenken fallen weg. Sind die Visionen gottgewirkte, so ist ihre Entstehung ebenso erklärt wie ihr Aufhören. Dagegen erhebt sich nun eine andere Frage, und auf diese haben sich in der That die Verhandlungen über die Auferstehung in der letzten Zeit zugespitzt: Wie kamen die Jünger, wenn sie bloß eine Vision hatten, in der ihnen Christus als der Lebendige erschien, dazu, an eine leibhaftige Auferstehung aus dem Grabe zu glauben? Lag es dann nicht viel näher, nun den Schluß zu machen: Er ist zum Himmel erhöht und lebt, als daran zu denken, er sei leibhaftig aus dem Grabe auferstanden?

Der Erkenntnis, daß der Glaube an eine leibliche Auferstehung nicht wohl aus einem bloß visionären Schauen

des verherrlichten Herrn zu erklären ist, haben sich auch
diejenigen nicht entziehen können, die eine solche Auf=
erstehung als geschichtliche Thatsache anzuerkennen sich
weigern. Sie haben deshalb versucht, nachzuweisen, der
Glaube an eine leibliche Auferstehung aus dem Grabe
sei gar nicht der ursprüngliche Glaube der Jünger, sondern
diese Gestalt des Auferstehungsglaubens sei bereits eine
spätere sagenhafte Umbildung. Nach Pauli Aussage
Phil. 3, 21, so argumentiert man, hat der Herr einen Leib
der Herrlichkeit, einen Lichtleib, und auch die Entschlafenen,
deren Erstling er ist, werden mit einem ganz neuen geist=
lichen Leibe auferstehen (1 Kor. 15, 42 ff.). Paulus konnte
den Herrn, wenn er ihn sah, nur im Geiste sehen, denn er
ist Geisteswesen. Die sinnliche Realität, die irdische Leib=
haftigkeit des Geschauten, sonach jede Beziehung des so
geoffenbarten himmlischen Lebens Christi zu dem ins
Grab gelegten Leib Jesu ist hier ausgeschlossen. Da
nun Paulus seine Christuserscheinung denen der andern
Jünger ganz gleichstellt, so folgt, daß er auch diese als
Erscheinung nicht des wiederbelebten irdischen Leibes,
sondern des himmlischen Geistes Christi für den schauenden
Geist gedacht haben wird. Das genügte aber einer
späteren Zeit nicht mehr. Sie brachte die Erscheinungen
örtlich mit dem Grabe in Verbindung, indem sie dieselben
nach Jerusalem verlegte, obwohl die ersten Erscheinungen
thatsächlich nicht dort sondern in Galiläa, wohin die
Jünger schon gleich nach der Gefangennahme des Herrn
geflohen waren, stattgefunden hatten. Der Sage, nicht der
Geschichte gehören alle die Erzählungen von den Er=
scheinungen des Auferstandenen am offenen Grabe an,

auch das geöffnete Grab selbst ist auf Rechnung der in apologetischem Interesse frei gestaltenden Sage; selbst die feierliche Grablegung unterliegt den gegründetsten Zweifeln.

Nun bedarf es allerdings keiner Erklärung mehr, wie die Jünger dazu kamen, an eine leibhaftige Auferstehung aus dem Grabe zu glauben. Sie haben gar nicht daran geglaubt. Nun ist zugleich die schwer wiegende Einwendung gegen die Visionshypothese, die man aus der Thatsache des leeren Grabes entnommen hat, gründlich beseitigt. Das Grab kommt gar nicht in Frage, an den im Grabe liegenden Leib hat keiner gedacht. Schade nur, daß das ganze künstliche Gebäude von der fortbildenden Sage, die erst die Auferstehung mit dem Grabe in Verbindung bringt, an zwei Thatsachen zu Schanden wird, die sich nun einmal mit ihrer harten geschichtlichen Wirklichkeit nicht wegschaffen lassen. Zweifellos, das ist die erste Thatsache, gehört es zur ältesten Überlieferung, daß der Herr „am dritten Tage" auferstanden ist. Wenn die Jünger aber gleich nach der Gefangennahme Jesu nach Galiläa geflohen waren, so konnten sie am dritten Tage noch nicht einmal die Nachricht vom Tode ihres Meisters haben. Dann ist aber die Annahme einer bloß subjektiven Vision psychologisch schlechthin unmöglich, denn eine solche Vision konnte doch erst entstehen, wenn sie des Todes ihres Meisters gewiß waren. Eine objektive Vision aber, das Keimsche „Telegramm vom Himmel", wäre verfrüht gewesen, hätte ihnen ganz unverständlich bleiben müssen, ehe sie Nachricht vom Tode Jesu hatten. Die zweite Thatsache ist die Entstehung der ersten Gemeinde in Jerusalem, die ganz unerklärlich wird, wenn der große Umschwung im Glaubensleben der Jünger nicht in Jerusalem sondern in Galiläa erfolgte, wenn sie hier und nicht in der Hauptstadt, wie man uns glauben machen will, die ersten Gläubigen sammelten.

Doch lassen wir das; es sind Nebensachen gegenüber der Hauptsache, daß die ganze Begründung dieser Hypothese aus den Paulinischen Briefen unhaltbar ist, daß die Aussagen des Apostels vielmehr das reine Gegenteil ergeben. Jede Beziehung des geoffenbarten himmlischen Lebens Christi zu dem ins Grab gelegten Leibe soll bei Paulus ausgeschlossen sein. Aber wie kommt er denn dazu, an der Stelle, wo er die Hauptpunkte des von ihm verkündigten Evangeliums kurz zusammenfaßt (1 Kor. 15, 1 ff.), zwischen die Verkündigung, „daß Christus gestorben sei" und „daß er auferstanden sei", einzuschieben „und daß er begraben sei", wenn die Auferstehung mit dem Begrabensein, mit dem begrabenen Leibe in gar keiner Beziehung steht? Ist es doch fast, als habe der Apostel diese Mißdeutung seines Evangeliums vorausgesehen und ihr zu begegnen die Worte „und daß er begraben sei" eingeschoben. Richtig ist es freilich, daß der Apostel den Auferstandenen einen geistlichen Leib zuschreibt, aber keine Auslegung kann die Beziehung dieses geistlichen Leibes zu dem begrabenen wegschaffen, die schon in dem Bilde vom Samenkorn liegt. Ohne diese Beziehung könnte ja von einer Auferstehung gar keine Rede sein. So gewiß nun der Apostel die Auferstehung der Gläubigen auf die Auferstehung Christi gründet, so gewiß muß er auch bei dieser an eine wirkliche Auferstehung des begrabenen Leibes und an dessen Verklärung zu einem Leibe der Herrlichkeit gedacht haben. Ebendasselbe ergiebt sich fast noch schlagender aus der Stelle im Römerbriefe (8, 11), wo der Apostel sagt: „Wenn aber der Geist dessen, der Jesum von den Toten auferweckt hat, in euch wohnet, so wird auch derselbe, der Christum von den Toten auferweckt hat, eure sterblichen Leiber lebendig machen um deswillen, daß sein Geist in euch wohnet." So konnte der Apostel doch nur schreiben, wenn er glaubte, daß auch Christi sterblicher Leib lebendig gemacht und aus dem Grabe auferstanden war. Dann aber bleibt nur die zweifache Möglichkeit, entweder die Erscheinung, die der Apostel hatte, war derart, daß sie ihn unmittelbar zu der Annahme nötigte, der gestorbene und begrabene Jesus sei leiblich wieder auferstanden, oder er muß diesen Schluß gemacht haben auf Grund und in Verbindung mit den ihm von den andern Aposteln gemachten Mitteilungen. In dem einen wie in dem andern Falle kommen wir über ein bloß visionäres Schauen hinaus. Auch die den ersten Jüngern gewordenen Erscheinungen müssen mehr gewesen sein als ein Gesicht, das sie belehrte, der Herr lebt! sie müssen etwas erfahren haben, was es ihnen unumstößlich gewiß machte, daß ihr Herr und Meister leibhaftig aus dem Grabe auferstanden war.

Und nun kommt noch eine Frage, die jetzt, nachdem dargethan ist, daß Paulus, und die Urapostel auch, eine wirkliche Auferstehung des Herrn aus seinem Grabe geglaubt und verkündigt haben, mit ihrer ganzen Wucht hervortritt: Was ist aus dem Leichnam Jesu geworden? Lassen wir uns nicht mit allerlei Redensarten abweisen, daß darauf nichts ankomme, daß man es jetzt einmal nicht mehr wissen könne. Unmöglich konnten doch die Jünger auch nur auf den Gedanken kommen, der Herr sei auferstanden, wenn das Grab noch verschlossen war und sein Leib im Grabe lag. Noch mehr, blieb er im Grabe, so erklären Sie mir doch, weshalb seine Feinde nicht einfach auf das Grab, auf den Leichnam darin hinweisen und damit dem ganzen Wahn einer Auferstehung, aller Schwärmerei und allen Visionen ein Ende machen? Läßt sich denken, daß die Feinde des Christentums, und es hatte deren eben so entschiedene wie kluge, dieses einfachste Mittel, das ganze Christentum zu vernichten, nicht sollten benutzt haben? Hatten sie etwa kein Interesse daran? Die Verkündigung der Auferstehung war geradezu ein Angriff auf den hohen Rat, auf die Obersten der Juden, enthielt für sie den schwersten Vorwurf, den man einem Juden machen konnte, den Vorwurf, den Messias getötet zu haben, und sie sollen dazu stille geschwiegen haben, oder sich begnügt haben, zu sagen, es ist nicht wahr, oder zu solchen unhaltbaren Erwiderungen gekommen sein wie die, seine Jünger hätten ihn gestohlen, wenn ihnen das allereinfachste Mittel zu Gebote stand, sich selbst zu rechtfertigen, die Öffnung des Grabes und die Hinweisung auf den Leichnam?! Das ist schlechthin unmöglich. Das Grab muß leer gewesen sein. Dann aber fragen wir weiter: Wer hat den Leichnam aus dem Grabe weggenommen? Ich lasse mich wieder nicht mit allerlei Gemunkel von Geheimnissen und Nichtwissenkönnen zufrieden stellen. Es sind nur drei Möglichkeiten, entweder seine Feinde oder seine Freunde oder endlich irgend ein dritter Unbekannter. Seine Feinde? das ist nicht möglich, denn sie hätten es gesagt. Seine Freunde? das ist ebenfalls nicht möglich, denn dann wären sie Betrüger der frechsten Art, und ich hoffe, es ist niemand hier, dem man noch zu beweisen brauchte, daß sie das nicht sind. Also ein dritter Unbekannter, der ohne daß die Jünger es erfuhren, aus irgend welchem unbekannten Grunde den Leichnam Jesu aus dem Grabe entfernt hat und aus irgend welchem unbekannten Grunde darüber nachher geschwiegen hat. Wenn der Mann das nun nicht gethan hätte? oder nur nicht geschwiegen hätte? dann hätte der Glaube an die Auferstehung nicht entstehen können. Ein Wort von diesem unbekannten Manne, und der Glaube an die Auferstehung wäre unmöglich gewesen, das Christentum wäre nicht entstanden, der ganze Weltlauf, die ganze Geschichte unsers Geschlechts wäre eine andere geworden. Alles hängt an dem Zufall, daß der mysteriöse Unbekannte auf den Gedanken kommt, man weiß nicht weshalb? den Leichnam Jesu aus dem Grabe zu nehmen, alles an dem noch seltsameren Zufall, daß er darüber auch vollständig schweigt. Können Sie sich das denken, können Sie so die bedeutsamste Wendung in der Geschichte unseres Geschlechts, den ganzen Weltlauf an einen Zufall knüpfen, dann sehen Sie zu, wie Sie mit einer solchen Weltanschauung auskommen. Derselben gegenüber auch nur noch ein Wort zu verlieren wäre unnütz.

Denken Sie nur nicht, ich wäre der Meinung, ich könnte durch diese Beweisführung irgend jemanden mit

Notwendigkeit dahin bringen, die Auferstehung Christi als geschichtliche Thatsache anzuerkennen. Wenn irgendwo, so gilt hier, was ich neulich schon sagte, daß schon das bloße Fürwahrhalten der in den Evangelien berichteten Thatsachen nicht lediglich von Verstandesoperationen abhängt, sondern zugleich von sittlichen Faktoren. Und ob jemand sich auf diesem Wege zuletzt genötigt sähe, die Wirklichkeit der Auferstehung einzuräumen, Heilsglaube, Glaube an die Auferstehung als Heilsthatsache wäre das nicht. Der ist nur da, wo jemand die Wirkung des lebendigen Christus an seinem eigenen Herzen erfährt. Aber das glaube ich Ihnen dargethan zu haben, daß es gar nicht so einfach und leicht ist, wie viele glauben, den verbürgten historischen Thatsachen gegenüber doch die Thatsache der Auferstehung zu leugnen, daß es bis jetzt nicht gelungen ist, die Thatsache des Glaubens der Jünger an die Auferstehung ihres Herrn anders zu erklären, als dadurch, daß die Auferstehung selbst eine Thatsache ist, daß sie wirklich den leibhaftig aus dem Grabe Auferstandenen mit Augen gesehen haben.

Immer bleibt es freilich möglich dem allen entgegenzuhalten, das kann nicht richtig sein! Vermag man auch nicht zu erklären, wie Paulus zu der Überzeugung gekommen ist, er könne Wunder thun, oder wie die Jünger zu dem Glauben gekommen sind, Jesus sei auferstanden; es kann da doch kein wirkliches Wunder geschehen sein, denn Wunder sind nicht möglich, sie sind nun einmal mit dem vernünftigen Denken nicht vereinbar. Dann steht man aber auf dem Standpunkte, daß man seine Gedanken den Thatsachen nicht unterordnet, sondern über-

Die Möglichkeit der Wunder. 177

ordnet, nicht sein Denken nach den Thatsachen richtet, sondern verlangt, die Thatsachen sollen sich nach seinem Denken richten, und ist nicht ganz weit mehr von dem Voltaireschen Standpunkte entfernt, zu sagen: Ich will keine Wunder glauben. Da hört freilich jede Verhandlung auf. Aber das sollte man doch wenigstens von der Naturwissenschaft der Gegenwart gelernt haben, daß unser Denken sich nach den Thatsachen zu richten hat, eigentlich nur ein den Thatsachen Nachdenken ist. Die Forderung nur ist berechtigt, daß sich die Wunder nun auch in unser Denken einreihen, daß nachgewiesen werde, wie sie einem richtigen Denken über Gott und Welt nicht widersprechen.

Denn darauf wird es bei der Wunderfrage allerdings ankommen, welche Vorstellung wir von Gott und der Welt und von dem Verhältnisse Gottes zur Welt haben. Der Atheist, der an gar keinen Gott glaubt, kann selbstverständlich keine Wunder glauben. Ohne Gott giebt es auch keine Wunder mehr. Der Materialist, der nichts kennt als Stoff, endliche Materie, keinen Geist in der Welt und über der Welt, für den sind natürlich die Wunder abgethan. Ebenso unmöglich ist es, Wunder zu denken, auf pantheistischem Standpunkte. Ist Gott und Natur eins, so ist der Begriff eines Wunders in sich selbst ein Widerspruch; denn Gott thut etwas, was nach den Gesetzen der Natur aus ihren eigenen Kräften nicht geschehen kann, heißt ja auf diesem Standpunkte: Gott thut etwas, was nach seinen eigenen Gesetzen nicht geschehen kann. Und wie da, wo man den Unterschied zwischen Gott und Welt ganz aufhebt, das Wunder mit aufgehoben ist, so auch da, wo man Gott und Welt so von einander scheidet, daß Gott in gar keiner Beziehung mehr zur Welt steht, die Weltentwickelung abläuft wie eine Spieluhr, die eine mit festen Stiften in sie eingesetzte Melodie abspielt. **Das Wunder fordert einen freien persönlichen Gott, der über die Welt herrscht und doch in der Welt wirkt, setzt eine relative Selbständigkeit und doch zugleich Abhängigkeit der Welt von Gott voraus.**

Doch das nur vorläufig. Hören wir jetzt erst, wie man gerade vom Standpunkt der Naturwissenschaft aus die Unmöglichkeit des Wunders darthun zu können meint. Das ganze Weltall, sagt man, ist ein organisiertes Ganzes mit bestimmten Gesetzen. Diese Gesetze herrschen nicht bloß auf unserer Erde, sondern soweit überhaupt unsere Beobachtungen reichen. Unsere Fernrohre zeigen uns, daß dasselbe Gesetz der Schwere, welches hier auf Erden den Fall eines Steines bedingt, auch den Lauf der fernsten Sterne regelt. Die Spektralanalyse hat den Beweis geliefert, daß dieselben chemischen Gesetze wie hier auf der Erde auch auf der Sonne und den Sternen gelten. Diese Gesetze haben auch von jeher geherrscht. Die Form der Erde, die Schichten der Gesteine beweisen es für eine Zeit, lange bevor eines Menschen Fuß die Erde betrat. Überall, wohin wir blicken, finden wir nur eine festgeschlossene Kette endlicher, von bestimmten Gesetzen beherrschter Ursachen und Wirkungen. So lange diese Erkenntnis des Gesetzmäßigen in der Natur den Menschen noch nicht aufgegangen war, konnte man sich in naiver Weise vorstellen, daß Gott hier und dort dareingreife, Wunder thue. Nachdem aber jene Erkenntnis durch den Fortschritt der Naturwissenschaften den Menschen aufgegangen ist, ist es nicht mehr möglich, an Wunder zu denken. Ein Wunder wäre auf Gottes Seite Willkür, daß er Gesetze gebe und diese dann doch wieder willkürlich aufhöbe, auf Seiten der Welt Störung ihres gesetzmäßigen Verlaufs.

Diesem Schlusse scheint man am besten entgehen zu können, wenn man überhaupt das Vorhandensein von Naturgesetzen leugnet, wie es z. B. in der ultramontanen Dogmatik des römischen Theologen Perrone der Fall ist. Nach Perrone ist alles, was geschieht, nur Folge eines speziellen Willensaktes Gottes. Das Vorhandensein der Naturgesetze ist nur Schein, sie bestehen nur in unsern Gedanken. Daß z. B. aus Roggen wieder Roggen wächst und nicht Disteln, ist nicht Folge eines Naturgesetzes, sondern in jedem einzelnen Falle Folge eines göttlichen Willensaktes. So ist denn auch das Bestehen von Arten und Geschlechtern nur Schein. Es bestehen in Wirklichkeit nur Individuen, die Gott in jedem einzelnen Falle nach seinem speziellen Willen lenkt und regiert. Es könnte auf den ersten Blick vielleicht manchem diese Weltanschauung die wahrhaft religiöse zu sein scheinen. Nun haben ja auch die Wunder gar keine Schwierigkeit mehr. Sie sind eben Wirkungen des göttlichen Willens wie alles, was geschieht. Alles ist jetzt Wunder, alles geschieht auf Grund eines unmittelbaren Eingreifens Gottes. Aber übersehen wir die Kehrseite nicht. Wo alles Wunder ist, ist nichts mehr Wunder. Der Unterschied von Wunder und Nichtwunder hat aufgehört. Und

wenn nach dieser Seite hin jene Leugnung des Natur=
gesetzes gerade auf religiösem Standpunkte bedenklich wird,
so auch nach andern Seiten. Es ist bloße Täuschung,
zu meinen, wir hätten irgend ein religiöses Interesse,
das Vorhandensein von Naturgesetzen zu leugnen. Sollte
uns denn nicht Gottes Macht und Weisheit ebenso groß
ja noch größer erscheinen, wenn wir die Gesetze erkennen,
die er der Welt gegeben, nach denen nun die Sterne
ihre Bahnen ziehen und der Wurm im Staube sein
Leben führt, als wenn wir alles, was da geschieht, in
jedem einzelnen Falle auf einen besonderen Willensakt
Gottes zurückführen? Ja, wenn ein sittliches Handeln
nur möglich ist in einer Welt, die nach bestimmten Ge=
setzen sich bewegt, haben wir dann nicht umgekehrt sogar
ein sittlich=religiöses Interesse, das Vorhandensein von
Naturgesetzen zuzugestehen?

Räumen wir also den Vordersatz jener Argumen=
tation gegen das Wunder unbedenklich ein: Das Weltall
ist ein organisiertes Ganzes, das sich nach bestimmten Ge=
setzen bewegt. Aber folgt daraus schon, daß jedes Wun=
der, jedes Eingreifen des göttlichen Willens in dieses
organisierte Ganze eine Störung ist? Doch wohl nicht.
Ziehen wir eine Analogie heran. Der freie Wille des
Menschen greift auch in die Natur ein, ist das eine
Störung? Eine Kugel muß nach dem Gesetz der Schwere
auf einer geneigten Ebene abwärts laufen. Wenn ich
nun nach meinem freien Willen dazwischen greife und sie
in ihrem Laufe aufhalte, ist das eine Störung der Natur=
gesetze? Abgesehen von dem Eingreifen des freien Willens
verläuft ja alles nach dem Naturgesetze, ja selbst die

Wirkung, welche die Willensthat hervorgebracht hat, steht mit allen ihren Folgen unter der Herrschaft des Naturgesetzes. Auf einem unbebauten Felde wird nach den Gesetzen der Natur, nach der Beschaffenheit des Bodens, des Klimas, der Gegend eine bestimmte Vegetation sich entwickeln. Wenn nun der Mensch dareingreift, das Land pflügt, Korn säet, so daß nun ein Saatfeld entsteht, wo sonst Dornen und Disteln gestanden hätten, wo ist denn da eine Störung des gesetzmäßigen Verlaufs? Und doch wäre ohne die freie in den Naturgesetzen nicht mit Notwendigkeit gegebene Handlung des Menschen nicht geschehen, was da geschieht. Warum soll es denn nun eine Störung sein, wenn der freie Wille Gottes irgendwo eingreift? Auch da steht ja, worauf Rothe mit Recht großen Nachdruck gelegt hat, das Produkt dieses Eingreifens ganz unter dem Naturgesetz. Der Wein, den der Herr schafft auf der Hochzeit zu Kana, verhält sich nach den Naturgesetzen ganz wie jeder andere Wein, das Brot, das er in der Wüste austeilt, ganz wie jedes andere Brot. Ist es denn eine Störung, daß nun etwas Wein da ist, der nicht aus Trauben gekeltert wurde, die auf einem Weinstock gewachsen sind? etwas Brot, das nicht vom Bäcker aus Mehl gebacken wurde? So wenig es eine Störung ist, daß die Kugel, die ich aufhalte, nicht herabläuft, daß da, wo der Mensch arbeitet, ein Saatfeld entsteht statt eines Dornengestrüpps. Wo ist denn da eine Störung?

Von einer Störung könnte doch nur die Rede sein, wenn das Wunder eine willkürliche Aufhebung der Naturgesetze in sich schlösse, daß Gott also Gesetze, die er selbst gegeben, beliebig auch wieder außer Kraft setzte. Es wäre aber eine verkehrte Vorstellung von dem Wunderwirken Gottes, wenn wir uns dasselbe als eine zeitweilige Suspension der Naturgesetze dächten, so daß jedes Wunder eigentlich zwei Akte Gottes in sich schlösse, einen, durch den das Naturgesetz suspendiert, und einen zweiten, durch den es wieder in Kraft gesetzt wird. Machen wir uns das im Anschluß an das vorhin erwähnte Beispiel noch klarer. Ein Naturgesetz bezeichnet einen Satz, der angiebt, was unter gewissen Bedingungen immer und ohne Ausnahme geschieht. Was thut nun der Mensch, wenn er die rollende Kugel aufhält oder den Acker zum Saatfeld bestellt? Ändert er die Naturgesetze oder hebt er sie auf? Keineswegs, aber wohl ändert er die Bedingungen, unter denen sie wirken, und so kommt nach denselben Naturgesetzen etwas anderes heraus, als was geschehen wäre, wenn der Mensch nicht eingegriffen hätte. Er kann aber eingreifen, weil er mehr ist als Natur, weil er ein Geistwesen ist, das seinen freien Willen hat. Sollte das Gott nicht können? ihm, dem Schöpfer, sollte die von ihm ins Dasein gerufene Natur verschlossen sein, daß er nicht hineinwirken könnte? „Was wäre das für ein Weltbaumeister", ruft Beyschlag mit Recht aus, „der sich selbst die Thüre seines vollendeten Hauses zugeschlossen hielte, und nun draußen sitzen und die von ihm ins Dasein gerufenen Geister drinnen die meisterlosen Herren spielen lassen müßte?"

Doch die Möglichkeit der Wunder giebt man vielleicht zu, um dann die Zweckmäßigkeit um so entschiedener zu leugnen; man räumt ein, daß Gott Wunder thun

Zweckmäßigkeit der Wunder.

kann, behauptet aber auf das bestimmteste, es sei seiner unwürdig, wirklich welche zu thun. Ist denn sein Werk, die Schöpfung, fragt man, so unvollkommen, daß er, um es im Gange zu erhalten, immer wieder hie und da eingreifen muß? Oder ist er ein so launenhafter Gott, daß er die von ihm gegebenen Gesetze der Natur sich nicht auswirken läßt, sondern bald an der einen, bald an der anderen Stelle daran ändert? Weder das eine noch das andere. Die Wunder sind nur zu denken als zweckvoll; eben darin unterscheiden sie sich von zwecklosen Mirakeln, wie sie die römische Kirche an ihren Heiligen hochschätzt. Gerade die dort wieder zunehmende Mirakelsucht, die von solchen zwecklosen und sinnlosen Wunderzeichen, wie z. B. den jetzt wieder hochgefeierten Transport des Hauses der Maria nach Loretto, nicht genug bekommen kann, trägt leider sehr dazu bei, das Vorurteil gegen die wirklichen Gotteswunder zu erwecken und zu nähren. Es wird also darauf ankommen, die Wunder als zweckvoll, als der göttlichen Absicht entsprechend, ja als für die Verwirklichung der Gedanken Gottes mit dem Menschengeschlecht notwendig nachzuweisen.

Fragen wir einmal, die Frage wird uns der Entscheidung näher bringen: Hat die Menschheit eine Bestimmung, ein Ziel, dem sie in ihrer Entwickelung zustrebt, oder ist diese ganze Entwickelung ziellos, also im Grunde gar keine Entwickelung, keine Geschichte, sondern nur ein zwecklofes Geschehen, bei dem nichts herauskommt? Wer das letztere annimmt, wie Strauß, der nur einer Auflösung unseres Planeten entgegensieht, in der alles, was je auf der Erde erstrebt und erarbeitet ist, spurlos und erinnerungslos untergeht, für den ist das Wunder allerdings Unsinn. Wer aber glaubt, daß die Menschheit ein von Gott ihr gesetztes Ziel hat, der wird den Gedanken auch nicht für unvernünftig halten können, daß Gott sie zu diesem Ziele erzieht, daß er in die Entwickelung fördernd, wenns nötig ist, auch wieder zurechtbringend, eingreift. „Nur einseitige Gewöhnung an Naturbetrachtung", sagt Lotze, der doch selbst ebensosehr Naturforscher wie Philosoph war, sehr schön, „kann den Gedanken einer einmal für immer festgestellten Weltordnung, nach deren konstanten Bedingungen nur ein kurz in sich zurückkehrender Kreislauf der Erscheinungen möglich wäre, dem Begriff einer Weltgeschichte vorziehen, in deren einzelnen Augenblicken Gott nicht gleichartig wirkt, sondern Neues, vorher nicht Vorhandenes, dem Bestande der Welt durch ein wahrhaftes Wirken hinzufügt."[1]

Da liegt der Punkt, wo die Wege sich scheiden. Wem die Natur etwas für sich Bestehendes ist, ein Wesen, das nur seine eigenen Gesetze vollzieht, wer nur eine Naturordnung kennt, in der sich die Erscheinungen nach ein= für allemal bestimmten Gesetzen in kurzem Kreislauf vollziehen, aus dem Weltnebel Sonnen und Erden sich zusammenballen, nur um eine Zeit lang zu bestehen und dann spurlos sich aufzulösen, um den Stoff zu neuen Gestalten zu liefern, dem muß jedes Eingreifen Gottes, jedes Wunder zwecklos und darum unvernünftig erscheinen. Für wen aber die Natur die gottgeordnete Grundlage für ein Leben des Geistes ist, wer von einer Weltgeschichte weiß, die sich auf dem Boden der Natur abspielt, wem die Geschichte des Menschengeschlechts nicht eine zwecklose

Anhäufung von Zufälligkeiten ist, sondern eine Entwicke=
lung einem Ziele zu, der wird das Wunder auch als
vernünftig und zweckvoll dieser Entwickelung dienend aner=
kennen, und, setzen wir noch eins hinzu, wer da weiß,
daß diese Entwickelung nicht normal verlaufen, sondern
durch die Wunder gestört ist, der wird das Wunder als
notwendig anerkennen müssen.

Ist denn diese gegenwärtige Welt etwa vollkommen?
Geben Sie mir die Antwort nicht aus irgend einer Theorie
heraus, sondern aus der Erfahrung. Schon vor Jahr=
tausenden hat der alte Homer gesagt:

„Denn nichts anderes ist doch jammervoller auf Erden
„Als der Mensch von allem, was Leben haucht und sich regt."

Und um dem ein neueres Zeugnis zur Seite zu stellen,
erinnere ich an ein Wort Goethes, der doch, wenn je
ein Mensch, mit allem überschüttet war, was diese Welt
bieten kann. Er hat einmal gegen Ende seines Lebens
gesprochen: „Wenn ich mein ganzes Leben überrechne
und zähle alle Tage zusammen, wo ich reines, unge=
trübtes Glück genossen habe, so bringe ich nicht mehr
als die Länge eines Monats heraus." Wollen Sie
solchen Geständnissen gegenüber, gegenüber all der Not,
Armut, Krankheit, Jammer, Elend und Tod noch sagen:
Diese Welt ist vollkommen? Einer Theorie zuliebe viel=
leicht, was sagt ein Mensch nicht, um eine Theorie zu
retten! Aber die Erfahrung sagt: Nein! Wenn die
Welt denn unvollkommen ist, wenn sie Gott aber nicht
unvollkommen geschaffen haben kann, so muß sie unvoll=
kommen geworden sein. Wodurch denn? Ich komme
an die entscheidende Frage, eine Frage freilich mehr aus

Gewissen als an den Verstand. Giebt es Sünde? oder ist das auch eine kindliche Vorstellung, über die wir hochgebildeten Menschen des 19. Jahrhunderts hinweg sind? Die Schrift bezeugt die Sünde als eine Thatsache und unser Gewissen sagt, wir mögen wollen oder nicht, Ja! dazu. So ist also eine Störung hereingebrochen in diese Welt, Hemmung und Verderben in ihre Entwickelung[2]), und soll nun trotzdem das Ziel der Vollendung erreicht werden, welches Gott der Welt gesetzt, dann bedarf es eines Eingreifens Gottes, eines Herstellungs-, eines Erlösungswunders. Es ist das Grundbekenntnis der Christenheit, daß sie bekennt, dieses Herstellungswunder ist geschehen, indem der Sohn Gottes Mensch geworden ist und uns erlöst hat. Alle andern Wunder, welche die Schrift erzählt, sind nur im Zusammenhange dieses Wunders zu verstehen. Die alttestamentlichen Wunder sind Vorklänge und Hinweisungen auf dieses Wunder, alle Wunderthaten Jesu sind nur einzelne Auswirkungen desselben. Der da gekommen ist, die Sünde wegzuthun und mit ihr alles Übel, auch Krankheit und Tod als Folgen der Sünde, der heilt auch Kranke und erweckt Tote; der da gekommen ist, die gestörte Entwicklung herzustellen, der übt auch Macht über die Natur, wandelt Wasser in Wein und stillt den Sturm. Seine Wunder sind zugleich Weissagungen der Vollendung, Vorwegnahme, Präformationen dessen, was geschehen wird am Ende der Tage, wenn das Erlösungswunder sich in der Vollendung auswirkt und alles neu wird.

Und jetzt darf ich wohl nochmals fragen, ob das Störung ist? Halten Sie es denn auch für eine Störung des Lebens, wenn ein Arzt den kranken Organismus wieder gesund macht? Jetzt darf ich wohl fragen, ob Sie es wirklich für Gottes unwürdig achten, so hineinzugreifen in diese Welt heilend und rettend? Nun hat sich aber auch wohl ergeben, wie grundlos der Vorwurf ist, wenn die Wunder als Willkür auf Seiten Gottes bezeichnet werden. Es ist lediglich ein Zerrbild, das man sich macht, nicht aber der biblische Begriff der Wunder, wenn man sie sich denkt als beliebige Eingriffe Gottes in die Natur, als willkürliche Machterweisungen ohne einen andern Zweck als eben seine Macht zu erweisen. Gewiß, das sind sie auch, Erweisungen der Macht des lebendigen Gottes, der über der Welt herrscht, und auch darin haben sie ihren Zweck, dem Menschen so recht vor Augen zu stellen, daß es einen lebendigen Gott giebt, der Wunder thut (Pj. 77, 15). Aber im höchsten Sinne sind sie doch Erweisungen seiner Liebe, Wunder der Liebe, der erbarmenden, erlösenden, rettenden Liebe, die eine in die Sünde gefallene Welt nicht in derselben untergehen lassen, sondern die in falsche Bahnen geratene Welt doch dem Ziele der Vollendung entgegenführen will, das sie ihr gesetzt hat. So sind sie das gerade Gegenteil von Willkür, im höchsten Sinne zweckvoll.

Indem wir so die Wunder im Lichte des göttlichen Heilsratschlusses betrachten, sie als Thaten Gottes zu unserer Erlösung ansehen, da fühlen wir uns selbst mitten in die Wunder hineingestellt. Das Wunder der Erlösung wirkt sich noch immer unter uns in Wundern aus, in den hohen geistlichen Wundern, den Wundern der Gnade. In den Wundern der Bekehrung, der Wiedergeburt, der Heiligung, da haben wir Wunder, die nicht in vergangenen Zeiten geschehen sind, sondern die heute geschehen, und wer etwas von diesen Wundern erfahren hat an seinem eigenen Herzen, der hat an sich selbst, an der Umwandlung seines Lebens, an dem Frieden, den er genießt, an dem Trost, der ihn erquickt, an der Hoffnung, die ihn über alles hinweghebt, den thatsächlichen Beweis, daß es Wunder giebt. Diesen Beweis kann ich freilich niemandem führen, das muß ein anderer thun, der Geist, der da Zeugnis giebt unserem Geiste, daß wir Kinder Gottes sind.

Damit stehen wir wieder bei den Gedanken, von denen wir (vgl. S. 6 ff.) ausgingen. Der Glaube läßt sich keinem andemonstrieren, aber Hindernisse wegräumen, das kann man wenigstens und soll es versuchen. Nach meinen Kräften habe ich es versucht, und daß es mir gelungen sein möchte, in einzelnen Stücken wenigstens gezeigt zu haben, daß unser Glaube von der modernen Wissenschaft noch unüberwunden ist, daß ich dadurch vielleicht den einen und andern in seinem Glauben gestärkt und vor andrängenden Zweifeln geschützt, oder auch den einen und andern angeregt haben möchte, diesen Fragen nicht länger gleichgültig gegenüberzustehen mit der Entschuldigung, das sei ja doch alles längst abgethan und des Nachdenkens nicht mehr wert — daß mir etwas nur davon gelungen wäre, das ist der Segen, den ich diesen Vorträgen erbitte.

Gestatten Sie mir noch ein Schlußwort. Es meinen viele, das Christentum und die Kirche sei nur zu retten, wenn es sich mit den Kulturelementen der Gegenwart,

Schlußwort.

denen es nur zu sehr entfremdet sei, ausgleiche. Man müsse sich entschließen, einen Teil des alten Glaubens daran zu geben, einige unhaltbare Positionen dem Andrängen der Wissenschaft gegenüber zu räumen, um den Kern dann desto sicherer zu behaupten, und zu dem, was aufzugeben ist, rechnen sie in erster Linie die Wunder: den übernatürlichen Ursprung und Charakter des Christentums. Daß es vielen in diesem Kreise redlich und aufrichtig um Erhaltung des Christentums und der Kirche zu thun ist, bezweifle ich nicht, aber nicht minder gewiß ist es mir, daß der Weg, den sie einschlagen, nicht der richtige sein kann. Sie geben nicht unwesentliche Nebensachen, sie geben das Wesen des Christentums selbst preis, nicht zeitweilige Formen, sondern seinen unveränderlichen Inhalt, und ihre Arbeit wird nur dazu dienen, andern den Weg zu bahnen, die nach ihnen kommen werden, um völlig aufzuräumen. Gewiß ist es die Aufgabe der Kirche, sich in lebendige Beziehung zu setzen zur Kulturentwickelung der Gegenwart, aber nicht so, daß sie vor derselben weicht, sondern so, daß sie dieselbe mit christlichem Geiste durchdringt. Dazu gehört, daß sie Wissenschaft und Bildung weder verachte noch scheue. Zwar nicht alles, was heute für Wissenschaft und Bildung ausgegeben wird, ist wahre Wissenschaft und echte Bildung. Wahre Wissenschaft darf kein Christ verachten, denn sie ist eine Gottesgabe, und es hieße das gegen das Wort des großen Heidenapostels handeln: Alles ist euer! Das Christentum hat aber auch keine Wissenschaft zu scheuen, weder Geschichte und Kritik, noch die Naturwissenschaften. Sie können uns zwar das höchste und beste nicht geben, aber wir leben der Überzeugung, daß sie uns das auch nicht nehmen können, und sind auch da bereit zur Verantwortung jedermann, der Grund fordert der Hoffnung, die in uns ist. Aber den letzten, den durchschlagenden, Herzen gewinnenden Beweis für die Wahrheit des christlichen Glaubens, den müssen wir doch führen mit unserem eigenen Leben.

Mit dem Worte will ich denn schließen jedem zur Erinnerung: **Die beste Apologie des Lebens Jesu ist das Leben eines Christen, in dem Jesus lebt.** An der Apologie lassen Sie uns alle mitarbeiten.

Anmerkungen.

Zum ersten Vortrage.

1) **Zu S. 8.** Ich beziehe mich auf die Schriften von Dr. Erich Haupt: Die Bedeutung der heiligen Schrift für den evangelischen Christen (Bielefeld und Leipzig 1891) und Dr. Martin Kähler: Der s. g. historische Jesus und der geschichtliche biblische Christus (Leipzig 1892).

2) **Zu S. 20.** Allerdings ist die Tübinger Schule in den letzten Jahren bei den holländischen Theologen (Pierson, Lomann u. A.) mit gewissen Modifikationen wieder aufgelebt. Baur, meinen sie, habe ganz recht gesehen, wenn er den Kampf der judenchristlichen und heidenchristlichen Richtung als das treibende Motiv der ältesten Kirche betrachtet, aber er habe ihn zu früh angesetzt, der Kampf gehöre nicht in die apostolische Zeit, sondern in die nachapostolische. So werden denn jetzt auch die von Baur als echt anerkannten Schriften, selbst der Römer- und Galaterbrief, als spätere Kompositionen in das zweite Jahrhundert versetzt. Aus der apostolischen Zeit haben wir überhaupt nichts Schriftliches, auch von Paulus nicht. Auf diese alles frühere überbietende Kritik einzugehen, ist nicht nötig. In die deutsche Theologie hat sie keinen Eingang gefunden.

3) **Zu S. 37.** Mir ist nicht unbekannt, daß eine Autorität wie Ritter in seiner Schrift „Ernst Renan über die Naturwissenschaften und die Geschichte" (Gotha, 1865) Renan gegen den Vorwurf des Pantheismus in Schutz

nimmt. Der Pantheismus hat eben Proteusnatur und es ist nicht schwer, pantheistischen Gedanken eine solche Wendung zu geben, daß es den Anschein gewinnt, als ob man nur im Gegensatz gegen einen abstrakten Deismus einen Gott lehren wolle, der in der Welt lebt und wirkt. So viel läßt sich aber mit Sicherheit sagen, daß Renans Gott nicht der Gott der Schrift ist. Er nennt es zwar eine unvollständige Theologie, Gott bloß als synonym mit „la totale existence" zu fassen, als bloß „in fieri". „Dieu est plus que la totale existence, il est en même temps l'absolu. Il est l'ordre où les mathématique, la métaphysique, la logique sont vraies; il est le lieu de l'idéal, le principe vivant du bien, du beau et du vrai. Envisagé de la sorte, Dieu est pleinement et sans réserve; il est éternel et immuable, sans progrès ni devenir." Damit vergleiche man folgende Sätze: „De qui est donc cette phrase qu'un bienveillant anonyme m'adressait il y a quelques jours: „„Dieu est immanent non-seulement dans l'ensemble de l'univers, mais dans chacun des êtres, qui le composent. Seulement il ne se connaît pas également dans tous. Il se connaît plus dans la plante que dans le rocher, dans l'animal que dans la plante, dans l'homme que dans l'animal, dans l'homme intelligent que dans l'homme borné, dans l'homme de génie que dans l'homme intelligent, dans Socrate que dans l'homme de génie, dans Bouddha que dans Socrate, dans le Christ que dans Bouddha."" Voilà la thèse fondamentale de toute notre théologie. Si c'est bien là ce qu'a voulu dire Hegel, soyons Hégéliens." Das sicherste Kriterium, woran man den Pantheismus erkennt, ist die Frage nach der Weltschöpfung durch den über der Welt erhabenen Gott. Renan kennt keine Weltschöpfung, wenigstens spricht er in diesem Aufsatze, in dem er seinem ganzen Inhalte nach sich darüber aussprechen mußte, von keiner Schöpfung. Demnach, glaube ich, thut man ihm kein Unrecht, wenn man ihn zu denen rechnet, die einen, wenn auch etwas weniger handgreiflichen Pantheismus lehren.

Anmerkungen. 193

Zum dritten Vortrage.

1) **Zu S. 96.** Nicht hieher rechne ich Wittichen, Das Leben Jesu in urkundlicher Darstellung (Jena, 1876) und Volkmar, Jesus Nazarenus und die alte christliche Zeit mit den beiden ersten christlichen Erzählern (Zürich, 1882). Beide Werke geben keine Gesamtdarstellung des Lebens Jesu, sondern wollen nur die ältesten Berichte über dasselbe in ihrer ursprünglichsten Fassung kritisch herstellen. Ich konnte sie deshalb übergehen.

Zum vierten Vortrage.

1) **Zu Seite 122.** Die Worte des Papias lauten bei Eusebius (Kirchengeschichte III, 39): „Markus schrieb, nachdem er Dolmetscher des Petrus geworden, so viel ihm seine Erinnerung von den Reden und Thaten des Herrn darbot, genau nieder, jedoch nicht nach geschichtlicher Aufeinanderfolge, denn er hatte den Herrn nicht gehört und war ihm nicht nachgefolgt, später aber dem Petrus, welcher nach den gegebenen Bedürfnissen seine Lehrvorträge einrichtete, nicht aber in der Weise, als hätte er eine geordnete Zusammenstellung der Herrn=Reden machen wollen. Daher hat Markus keinen Fehler damit begangen, daß er etliches dergestalt geschrieben hat, wie es ihm seine Erinnerung darbot; denn das eine ließ er sich angelegen sein, nichts von dem, was er gehört hatte, wegzulassen oder daran zu fälschen." Ohne Grund hat man hie und da behauptet, dieses Zeugnis treffe auf unser zweites Evangelium nicht zu, um es so zu beseitigen. Neuerdings ist es in seinem Gewichte immer mehr anerkannt. Der Versuch, eine ältere Gestalt des Markusevangeliums von der jetzigen zu unterscheiden und nur dieses ältere Evangelium auf Markus zurückzuführen, ist neuerdings von den Meisten als unhaltbar aufgegeben, wenigstens soweit es sich um irgendwie erhebliche Unterschiede zwischen dem angeblichen Urmarkus und unserem jetzigen zweiten Evangelium handelt.

2) **Zu S. 123.** Daß der Reisebericht von Lukas stammt, nehmen auch die an, welche die Apostelgeschichte einem Späteren

zuschreiben, der nur den Reisebericht benutzte. Weiß (Leben Jesu I, 67) sagt aber mit Recht: „Es ist der Kritik noch nicht gelungen, die Art wie der Erzähler sich selbst unter die handelnden Personen einschließt, ohne die Annahme eines absichtlichen Betrugs in irgend wahrscheinlicher Weise zu erklären". Daß der Verfasser das „wir" nur aus Ungeschicklichkeit habe stehen lassen, ist bei einem so gewandten Schriftsteller ganz undenkbar.

3) **Zu S. 123.** Über das Matthäusevangelium sagt Papias (bei Eusebius III, 39): „Matthäus stellte in hebräischer Sprache die Aussprüche des Herrn zusammen, es dolmetschte sie aber jeder, wie er es vermochte." Daß dem griechischen Evangelium eine hebräische Urschrift zu Grunde liegt, bezeugen auch Irenäus, Origenes u. v. a. Sonst reichen die Zeugnisse auch für den griechischen Matthäus weit hinauf. Schon in dem Briefe, der dem Barnabas zugeschrieben wird und spätestens im Anfange des zweiten Jahrhunderts verfaßt ist, wird eine Stelle des Matthäusevangeliums als aus der Schrift genommen angeführt. Da wir diesen Teil des Briefes früher nur in einer lateinischen Übersetzung besaßen, konnte es zweifelhaft erscheinen, ob das schon im Original gestanden habe oder etwa erst von dem lateinischen Übersetzer zugefügt sei. Es war deshalb bedeutsam, daß in dem von Tischendorf aufgefundenen griechischen Original sich das Zitat ebenso findet, wie in der lateinischen Übersetzung.

4) **Zu S. 128.** Um einen unmittelbaren Eindruck von dem geschichtlichen Charakter unserer Evangelien zu erhalten, ist nichts lehrreicher als eine Vergleichung derselben mit den apokryphischen Evangelien. Da fehlt jede Kenntnis der Lokalität, in der die Erzählungen sich abspielen, der geschichtlichen Verhältnisse, unter denen das Erzählte geschehen sein soll, während diese Kenntnis uns in unsern Evangelien auf Schritt und Tritt begegnet. Da ist alles im höchsten Maße phantastisch und die unmöglichsten und geschichtswidrigsten Verhältnisse werden als selbstverständlich vorausgesetzt. An die Stelle der Wunder tritt ein zweckloses Zauberwesen. Das Jesuskind thut schon in Ägypten Wunder der seltsamsten Art, schafft eine

Quelle, in der Maria die Kleider wäscht, und giebt einem Mann, der in einen Maulesel verwandelt ist, die menschliche Gestalt wieder. Es ist kein Kind, welches lernt, wie in unsern Evangelien, sondern es weiß schon alles. Was noch schlimmer ist, es ist ein prahlerisches Kind, das in seinen Wundern sich selbst verherrlicht. Der Jesusknabe erscheint als ein zorniges, rachsüchtiges Kind, das über seine Genossen herrscht und ihnen mit seinen Wundern einen Schabernack spielt. Er wirft einem Färber alles Zeug in Einen Farbekessel und macht dann, daß das verschiedene Zeug, als der Färber es herauszieht, eben mit der Farbe gefärbt ist, die es haben sollte; er verwandelt seine Spielgenossen in Ziegenböcke u. dergl. m. Hätten wir in unseren Evangelien den Anfang der Sagenbildung und Dichtung und in den apokryphischen die letzten Ausläufer derselben, so müßte sich doch irgend ein Übergang von jenen zu diesen entdecken lassen. Was man wahrnimmt, ist eben nur eine tiefe Kluft, die beide scheidet. Man bekommt unmittelbar den Eindruck, welch ein Unterschied ist zwischen geschichtlicher Überlieferung und sagenhafter Dichtung.

5) **Zu S. 129.** Irenäus sagt in einem Briefe an seinen später abgefallenen Jugendfreund Florinus: „Als ich noch Knabe war, sah ich dich in Kleinasien bei Polykarp, denn ich habe das, was damals geschah mehr als was jetzt geschieht, im Gedächtnis. Was wir in der Kindheit vernommen haben, wächst mit der Seele und wird eins mit ihr, so daß ich den Ort beschreiben kann, an welchem der selige Polykarp saß und sprach, sein Kommen und Gehen, seine Lebensweise und seine Gestalt, die Vorträge, welche er an die Gemeinde hielt, wie er von seinem Umgange mit dem Johannes und mit den übrigen erzählte, welche den Herrn gesehen; wie er ihre Reden berichtete, was er von ihnen über den Herrn, dessen Wunder und dessen Lehre vernommen hatte. Da er alles von den Augenzeugen seines Lebens vernommen hatte, erzählte er es übereinstimmend mit der Schrift. Dies hörte ich auch damals vermöge der mir widerfahrenen Gnade Gottes eifrig an und schrieb es nicht auf Papier, sondern in meinem

Herzen nieder und stets bringe ich es mir durch die Gnade Gottes wieder in frische Erinnerung."

6) **Zu S. 131.** Es verdient besondere Beachtung, daß alle in der letzteren Zeit neu entdeckten Quellen der kirchlichen Anschauung von den Evangelien günstig sind. Man müßte bestimmt das Gegenteil erwarten, wenn diese Anschauung irrig wäre.

7) **Zu S. 142.** Der Eindruck, daß in dem Evangelium doch nicht Alles ungeschichtlich sein kann, hat gegenwärtig viele, die seine volle Echtheit nicht meinen anerkennen zu können, in eine Mittelstellung gedrängt, wie denn Schürer den gegenwärtigen Stand der Johanneischen Frage in dem klaren und übersichtlichen und durchaus objektiv gehaltenen Vortrage „Über den gegenwärtigen Stand der Johanneischen Frage" (Gießen, 1889) dahin charakterisiert, die Signatur sei ein allmähliches Sichnäherkommen der Gegner. Zwar der früher von Weiße, Schweizer u. a. gemachte Versuch, einen echten Kern von späteren Zusätzen zu unterscheiden, ist nur von Wendt erneuert. Er scheitert aber immer wieder an dem einheitlichen Charakter des Evangeliums. Dagegen gestehen andere in geringerem oder umfassenderem Maße zu, daß wirklich geschichtliche, aber ganz frei behandelte Erinnerungen in dem Evangelium enthalten sind, und schreiben es dann einem Schüler des Apostels oder allgemein dem Johanneischen Kreise zu. Meiner Ansicht nach scheitert diese Hypothese unwiderbringlich an dem Umstande, daß der Verfasser sich als Augenzeugen darstellt. Zugeben kann man, und ich glaube muß man auch, daß Johannes, wie Luthardt es ausdrückt, „nicht die äußere geschichtliche Wirklichkeit kopiert, sondern auf Grund des Eindrucks, welchen die Person und Geschichte Jesu auf ihn gemacht, das Bild wiedergiebt, wie er es innerlich empfangen und wie es im Laufe eines langen Lebens sich ihm innerlich gebildet hat und zu seinem innersten geistigen Eigentum geworden ist."

Anmerkungen.

Zum fünften Vortrag.

1) Zu S. 184. Um zu zeigen, daß die Naturwissenschaft nicht von Gott abführt, daß jemand ein großer Naturforscher sein kann, ohne den Glauben zu verlieren, will ich nur einige Bekenntnisse großer Naturforscher zusammenstellen. Bekannt ist die Grabschrift, die sich Kopernikus gesetzt:

„Nicht die Gnade, die Paulus empfangen, begehr ich,
„Noch die Huld, mit der du dem Petrus verziehn,
„Die nur, die du am Kreuze dem Schächer gewährt hast,
„Die nur begehr ich."

Kepler schließt sein Werk von der Harmonie der Welten mit den Worten: „Ich danke dir, mein Schöpfer und Herr, daß du mir diese Freuden an deiner Schöpfung, dieses Entzücken über die Werke deiner Hände geschenkt hast. Ich habe die Herrlichkeit deiner Werke den Menschen kund gethan, so weit mein endlicher Geist deine Unendlichkeit zu fassen vermochte. Wo ich etwas gesagt, das deiner unwürdig ist oder nachgetrachtet haben sollte der eigenen Ehre, das vergieb mir gnädiglich." Newton sagt: „Wir haben Mosen, die Propheten und Apostel, ja Jesu Wort selbst. Wollen wir ihnen nicht beistimmen, so sind wir ebenso wenig zu entschuldigen wie die Juden." Ritter, der Gründer der neueren geographischen Wissenschaft: „Der prächtige Bau der Wissenschaften, den sich der Mensch als sein Werk zueignet, ist daher, und selbst dessen höchste Stufe, die Philosophie, keineswegs, wie er wohl wähnt und stolz sich dessen vermißt, seine nur ihm gehörige Schöpfung. Es ist ja nur die Entschleierung der Werke des Meisters und des unendlichen Schatzes der in ihm verborgenen Wahrheiten, die dem Geschöpfe, teilweise in irdischer Verhüllung, durch eine besondere Gnade von oben zu erblicken und durch den ihm eingehauchten göttlichen Funken zu begreifen vergönnt wird. Jeder Zweig der Wissenschaft würde somit nur ein grünender, ein echter sein, wenn er frei von bloß menschlichen Erfindungen aus der gemeinsamen tiefsten Wurzel stammte und dadurch immer erst zu einem Lobgesang Gottes würde. Tausend Zweige wür=

den aus diesem Baume des Lebens, der Unendlichkeit, der Allerkenntnis hervorsprossen, wenn die Augen des Geistes nur aufgethan und der Eifer des Suchens durch die Sehnsucht nach Oben befeuert würde. Die Welt ist überall erfüllt von der Herrlichkeit ihres Schöpfers. Wo Können und Wissen nicht ausreicht, da schließt die Offenbarung die Pforte auf zum Blick in Zeit und Ewigkeit." Agassiz: „Jedem der Überlegung fähigen Geiste muß aus dem Studium der Natur die Überzeugung entgegentreten, daß die wechselseitigen Beziehungen so vieler Eigentümlichkeiten in der Struktur, in den embryonalen geologischen und geographischen Verhältnissen des Tierreichs von einem überlegenden Verstande geordnet sind. Aus den Erscheinungen der unorganischen Natur und ihren Wechselverhältnissen zu der organischen läßt sich ebenfalls nachweisen, daß alles dies von einem überlegenden Geiste herrührt, der alle Raum- und Zeitverhältnisse nach Vergangenheit, Gegenwart und Zukunft umspannt. — So brechen wir für immer mit der trostlosen Theorie, welche uns stets nur auf die Gesetze der Materie verweist und uns von allen Wundern der Schöpfung ohne Gott Rechenschaft geben und an ein unvermeidliches Verhängnis binden will." Martius, der Botaniker: „Und fragen Sie mich, was ich denn als Frucht eines fünfzigjährigen, der Naturforschung geweihten Lebens mir eingethan habe? Unsere Zeit ist gar zu geneigt anzunehmen, daß die Männer, welche sich der Pflege der Naturwissenschaften ergeben, abgewendet seien vom Glauben an das, was jenseits der sinnlichen Wahrnehmung liegt, daß sie kein Gehör geben den Mahnungen an die geistige Unterlage der Dinge. Und doch wer könnte, wer müßte sie deutlicher wahrnehmen, als der Naturforscher, der nicht am Rande der Erscheinungen steht, sondern mitten im Strome des Lebens? Das erkennt er allerdings wohl, daß dieses große Ganze nur für einen Gott gemacht ist, aber damit erkennt er auch, daß darin noch etwas anderes walte als die Gesetze der Erscheinungswelt. Diese sucht er und findet er mehr oder weniger, und sein Verstand begreift ihr harmonisches Zusammenwirken als den Ausdruck einer höchsten, einer göttlichen Zweckmäßigkeit. Aber zur Ursache vermag er nicht durchzudringen und in vollster Anerkennung menschlicher Unzulänglichkeit wird er demütig. — Wir führen die Erscheinungen auf gesetzmäßige Reihen und Bedingungen zurück, aber wir begreifen sie nicht in ihrem Wesen. Fern in inkommensurabler Weite liegt ihr Urgrund und das thaumazein des Plato, das Sichverwundern, ist nicht bloß der Eingang, es ist auch der Ausgang unserer Forschung." Überblickt man eine solche leicht noch zu vermehrende Reihe von Bekenntnissen großer Naturforscher, dann klingt es einem seltsam, doch immer wieder hören zu müssen, mit dem heutigen Stande der Naturwissenschaften sei es unvereinbar noch zu glauben an „Gott, den Vater, allmächtigen Schöpfer Himmels und der Erde".

2) **Zu S. 186.** Noch ein Paar Zeugnisse von Männern, die man gewiß nicht der Orthodoxie verdächtigen wird. Schopenhauer sagt einmal: „Wenn mich etwas mit dem alten Testamente aussöhnen könnte, so wäre es der Mythus vom Sündenfall. Denn in der That dem Zustand der Strafe für ein begangenes großes Verbrechen sieht der Zustand der Welt aufs Haar ähnlich". „Die Welt ist im Grunde nur so gut eingerichtet als es ihr Bestand notwendig macht. Wenn ihre Einrichtung noch etwas schlechter wäre, könnte sie gar nicht mehr bestehen". Melchior Meyr (Der Streit über das Wunder im deutschen Museum 1865, Nr. 14): „Gott kann doch die Welt nicht unmittelbar in thatsächlicher Verkehrtheit geschaffen haben". Er meint, die Männer der Wissenschaft würden der Greuel in der Welt zuletzt so gewohnt, daß sie ihnen ganz in der Ordnung erschienen. Auch nach Melchior Meyr ist der gegenwärtige Weltzustand die Folge davon, daß die Menschen die ihnen gestellte Prüfung nicht bestanden und damit aus dem Unschuldszustande herausgefallen sind. — Man sieht, daß selbst solche, die der Offenbarung nicht glauben, mit ihrem Denken auf einen Sündenfall kommen, dessen Folge die Unvollkommenheit der gegenwärtigen Welt ist. Man denke doch nur der Thatsache, daß so viel Übel und Leiden in der Welt ist, ein wenig ernstlich nach).

Inhalt.

Erster Vortrag. Renans Leben Jesu 5

Zweiter Vortrag. Schenkels Charakterbild Jesu. — Strauß Leben Jesu 39

Dritter Vortrag. Die neueren Darstellungen des Lebens Jesu (Keim, Delff, Beyschlag, Weiß) . . 80

Vierter Vortrag. Die Evangelien 108

Fünfter Vortrag. Die Wunder 154

Anmerkungen 191

www.ingramcontent.com/pod-product-compliance
Lightning Source LLC
Chambersburg PA
CBHW020924230426
43666CB00008B/1564